人生100年時代の
生活保障論

石田 成則

税務経理協会

は じ め に

　わが国をはじめ世界中の多くの国々で，社会経済を取り巻く大きな環境変化とそれに伴う試練を経験している。元来，世の中は不確実性に満ち溢れており，それが人々の生活や生産活動に対するリスクとして顕在化したときに，英知と勇気をもって立ち向かうことを続けてきた。最近では，リーマンショック発生後の金融不安に対して，またその連鎖的な影響を鑑みて，資金・資産の集権的ではない分散的な管理とリスク遮断を意図して，ブロックチェーンによる仮想通貨や暗号通貨が発展してきた。それは，金融取引の安定と金融機関経営に新たな成長の機会をもたらすフィンテックやインシュアテックの出現の契機となった。また現在，世界中で猛威を振るっているパンデミックリスクである新型コロナウィルスに対して，ロックダウンによって海外および国内蔓延の防波堤を築くとともに，ウイズコロナ，アフターコロナとする新しい生活と生産様式（ニューノーマル）によって対抗しようとしている。ここでも様々なネットワーク技術が駆使されて，新たな生活と生産活動への円滑な移行が図られている。またもちろん100％の効果は確認できないものの，ワクチンや治療薬も開発されている。

　人々の家族生活への意識変化と医療技術の進歩は，多くの先進諸国や発展途上国で少子高齢化現象をもたらした。長寿化は人類の永年の夢である。また少子化もそれだけコンパクトな家族で生活を支え，また生産活動が継続できることの帰結であり，一国社会経済の発展の証にもなる。一方で，生産活動に従事する人口とそうでない人口の割合から，少子高齢化が前者に対して生活上の重しとなるとしたら，それは新たなリスクの出現でもある。こうしたリスクに対してどのように対処すべきか，各国で英知と社会制度上の工夫が求められている。本書ではこうした問題に対して，「少子高齢化がなぜリスクとして顕在化するのか，またそれに適切に対処するにはどのような方策が必要か」を主要テーマとしている。

わが国の場合には，2025年がひとつの区切りになる。それは団塊世代が75歳以上の後期高齢者になるからである。国民医療費も介護保障の費用も75歳をひとつの境に跳ね上がる。もちろん国策でもそれは十分に意識されており，この年度を目途に地域包括ケアシステムの構築が急がれている。また，高齢者世帯のなかでも単身世帯が増えることは，居宅における孤独死・孤立死の増加につながりかねないが，この問題に対しても地域社会における相互扶助機能を支援する方策がとられている。加えて，高齢者の社会的入院を抑えるために医療保険の給付方式を変えることで対応し，また食費などに自己負担を求める対策も取っている。このように，政策的対応のなかに自助や互助を促すインセンティブを含めることで，医療・介護保障の確保手段を多様化ないし多元化している。

　加えて，健康寿命を延伸すべく予防医療や予防介護に注力している。医療保険やその供給体制を支える公衆衛生やヘルスプロモーションの充実策である。こうした方策は，単に地域における医療や介護のための費用を削減するにとどまらず，心身ともに健康な高齢者による社会貢献や地域貢献の基盤づくりにもなる。互助や相互扶助の促進要因としての役割を果たすことは，地域包括ケアシステムを人材面から支えることになる。

　このような方策は高齢者の家計にとってもプラスの影響をもたらす。人生100年時代では高齢期の家計管理が大事であり，医療費や介護費の抑制は家計に余裕をもたらし，長期化する老後に向けた備えや蓄積を生むことになる。併せて，その分を老後になっても継続する社会的活動に振り向けることができれば，一段と心身の健康を高め，幸福に過ごすことが叶うことになる。

　新型コロナウィルスの影響はまだまだ長引いており，現時点まで終息する気配はない。生活保障のなかでも新しいテーマであるものの，状況がたえず動いているので上手く取り込むことは難しい。ただ，観光業や飲食業を中心として大きな打撃を受けており，会社倒産から失業率の増加につながることは事実である。また，人々の働き方にも関連法案の整備以上に多大の影響を及ぼしている。そこでこうした問題について，主に雇用保険との関連で言及している。

　本書には，長寿社会に向けた政策や社会保障の実状と課題を理解し，それを

上手く活用することで豊かな人生を過ごしてもらいたい想いがある。とくに平均的な老後生活を知ることで，自身が描く望ましい老後生活のイメージを形作りそれに向けた準備に役立ててほしい。

　実生活にも役立つように工夫しているが，同時に理論や考え方の筋道を知って，それを実践することも大切である。その意味で，生活保障の基本構造を理解することは欠かせない。本書で示すように，生活保障の根幹をなすのは公助，共助，互助，自助の組合せであり，またその相互作用である。こうした組合せは国のカタチであるとともに，人々の生活設計（ライフプラン）と生活保障の基盤でもある。そこで，公的制度の賢い活用，公助を上手く利用するための方法，職場や地域社会での互助や相互扶助の役割の理解，そして生活設計やパーソナル・ファイナンスの基礎的知識つまり自助に関する知識をまとめて平易に解説している。

　また教科書としては，出来る限り最新の図表や統計資料を用いるように心がけ，社会保障制度やその改正のわかり易い解説，そして専門用語のかみ砕いた説明に努めた。本文の末尾に簡単な用語解説と索引を付けている。また３部構成にして単元ごとにまとまりを付けて，ひとつのテーマを体系的に理解できるように腐心している。総じて，大学生や若い社会人にとって必要な生活設計と生活保障の知識をひとまとめにしたつもりである。本書を手にした読者皆様からご意見や感想を頂戴できれば，さらに今後に生かしていきたい。

　最後に，本書の企画段階から様々なアドバイスを頂戴しました，税務経理協会の峯村英治氏に心より感謝いたします。

　2021年1月

石田　成則

目　　次

第1部

新たな環境における生活保障のあり方

第1章　生活保障を取り巻く環境変化

1　わが国の人口構造の変化

　わが国は長寿社会を迎えて，仕事から解放された老後期間が長期化している。これまでの「余生」「退職後の余暇期間」との位置づけから，拘束されない自由な時間を満喫できる「第三の人生」や「本当の人生」と変化している。自由時間の大きさからその重要性も高まり，老後期間の充実のために若いころからやるべきことを考える「逆算的な人生設計」の発想も生まれている。そのために若いころから「健康」「お金」「人脈」を蓄えることが大切になる。

　長寿化は医療技術の進歩や食糧事情改善の賜物であるとともに，その根底にわが国の経済的繁栄があることもまた事実である。一国の経済的な繁栄や経済成長には様々な要因が寄与するものの，平均的に教育水準の高い豊富な若年労働力があったことは大きい。わが国の産業史を紐解くまでもなく，太平洋ベルト地帯に産業集積を可能とした労働力の多くは，北海道・東北，中国・四国，そして九州圏から都会に集中した。一方で，高度経済成長期を通じて産業化と都市化が同時進行したことにより，またそれを政策誘導したことにより弊害もみられる。地域的にみると歪な形で産業が発展し，大都市圏と地方では経済的ないし社会的に様々な格差やひずみが発生した。公害等の外部不経済や所得格差が起こることに加えて，大都市圏での人口過密と地方の過疎化が顕在化することになった。多くの若者が集中した大都市圏では婚姻ならびに子育て環境は必ずしも整っておらず，少子化現象をもたらしたことになる。産業化・都市化は家族世帯構成にも影響を及ぼし，三世代同居は減少し核家族が増加している。共働き世帯が増加する中で地域社会の子育て支援が不十分であれば，核家族化が少子化にもつながってしまう。経済・経営のグローバル化に伴う非正規雇用化の進展はこの現象に拍車を掛けることになる。とくに，正規と非正規の賃金

（率）格差が大きいわが国では，非正規雇用化により家族をなす経済力に欠ける若年者も増えている。

　長寿化と少子化によって，わが国の人口構成は大きく変化し，それはわが国の財政・金融，労働，そして社会政策・社会保障に多大な影響を及ぼしている。それは個人や家族の日常生活にも関わってくる。わが国の人口は2008年の約1億2,800万人でピークを迎えたのちに人口減少社会に突入している。戦後は2度のベビーブームを挟んで約2,000万人近く労働力人口が膨らみ，良質な労働力が世界にも類をみない経済成長を支えてきた。それが1980年代を境に安定成長に移行し，90年代初頭のバブル崩壊を経て失われた20年を迎えることになる。現在はこうした危機的な状況から脱却しつつあるものの，自然災害や新型コロナウィルスによる**パンデミックリスク**など多くのリスク要因を抱え，また地域紛争や国際金融の不安定性などグローバル経済下の不確実性にも晒されている。

　人口ボーナスから**人口オーナス**への移行とともに財政出動や良好な貿易収支に支えられた経済成長の時代は終焉し，内需の拡大や民間設備投資の活性化が企図されるものの，明確な成長戦略が描かれているわけではない。金融市場の構造改革や個別企業のガバナンス改革，そして働き方改革を通じた生産性向上策に望みが託されている。膨大な財政赤字と少子高齢化による**国民負担率**の増大は，量的な拡大よりも質的な側面での変革を促すことになる。いずれにせよ，安定経済成長で前世代より豊かになれないといわれ，財政出動も困難な中では社会保障も充実から見直しへ移行し，併せて一部で民営化路線も取られている。しかしながら，企業余力も萎み福祉からの撤退が既定路線であるために，生活保障にしても自己責任や自助努力が求められている。2019年に生じた老後2,000万円問題もこの延長線上にあるが，なおデフレ経済下の低金利であるために老後資産形成に有利な環境とは程遠い状況である。

2　働き方の改革

　福祉政策においても多元化や多様化が必要とされる背景に財政難があることは確かである。しかし一方で，画一的な社会保障や社会福祉では環境変化に十分に対応できないことも事実である。また，片働き世帯や正社員世帯を**標準世帯モデル**とすることも難しくなっている。つまり，ライフスタイルや家族構成などの多様化に応じてその政策対応が求められていることになる。人生が60年，70年の時代には，修学―就職―余暇・余生が横一列に並らぶ単線型ライフコースが一般的であった。それは夫である男性が，正社員としてひとつの会社を勤め上げる人生モデルでもある。妻となる女性もいったんは社会人となるものの，結婚出産を経て家計の補助労働に回ることが通例であった。その意味で，単線型ライフコースは男性を中心とした人生設計図になっていた。こうした横並びは一社専属の帰属意識・仲間意識と適度な競争に裏打ちされ日本の企業社会，産業社会を下支えしてきたのである。**皆婚社会**にあって片働き世帯や正社員世帯を標準世帯モデルとした時代は終わり，人生100年の長寿社会にあって家族のあり方，**性別役割分担**も働き方そして企業社会もいま変貌の時を迎えている。

　その転機は，企業社会の変化と働き方改革，および女性と高齢者を中核とした一億層活躍社会の実現にある。そして**男女共同参画社会**にあってライフサイクルは単線型から複線型へ大きく舵を切り，修学・就職・余暇が同時進行するようになっている。わが国の会社の中には，一定の条件下で副業を容認するものや**ワーキングホリデー**を認めるところも出てきている。生涯学習や学び直しが喧伝され，働きながら，また定年退職後にその修了証明や学位の取得を目指す場合もある。何より，**ワークロング**の掛け声のもと，意欲と能力がある高齢者は就労や社会貢献を継続するようになっている。このようにして複線型ライフコースが定着すると，若年世代の人生の楽しみ方や高齢者の生活様式も変化するので，それに合わせたハード面とソフト面の仕組みづくりは不可欠になる。

　会社と社員・従業員の関係性，労使関係のあり方は，雇用形態や個人の働き

方と大きく関係している。従来の**日本的雇用慣行**はあくまでも，長期的な雇用関係を前提に成立している。若い時の働き，ないし会社への貢献度合いよりも抑えられた給料は，**OJT**（On the Job Training）などの教育訓練費用を差し引いたものと考えられる。ひとつの会社に勤続し昇進するにしたがって給料が上昇するのは，部下を持ち責任が重くなるだけでなく，過去の訓練分を回収して給料に上乗せされていると考えられる。その分，会社への貢献度合いよりも高くなっているのである。ただし，こうした技能や技術は勤続した会社でのみ生きることが多く，転職することはその利得を放棄したと見做されることになる。このような長期的な暗黙の雇用関係を前提とすると，昇進に伴う将来の高い給料のために若い時に我慢することが多くなり，働き方への拘束もそれだけ強くなる。その結果，画一的な働き方が推奨され，また会社での拘束時間も長時間化することになる。

　現在は新型コロナウィルスの影響もあり，従来型の雇用慣行の見直しが進み，それに合わせてワークスタイル革命が生じている。それは働く時間と働く場所の柔軟化に端的に表れている。2018年に法制化された働き方改革法案（通称）では，「同一労働同一賃金」「残業の抑制，長時間労働の修正」などの方針が打ち出され，その具体策が提示された。この法案は，長時間労働の是正，多様で柔軟な働き方の実現，そして雇用形態によらない公正な処遇を目的としている。長時間労働の見直しについては，時間外労働の上限規制を実効力あるものにするだけでなく，**労働安全衛生法**と絡めて勤務間インターバル制度を定着させ社員・従業員の心身の健康を確保する目的もある。世上いわれる「**健康経営**」を通じた生産性向上を，無理なく実施できるならば労使双方にとってメリットがある。それには画一的な働き方から多様な働き方を容認する「働き方の選択」も大事になってくる。とくに，育児・介護離職の防止とともに，生活習慣病等の治療を受けながらも継続就労ができるようなソフト面とハード面の環境を整えることが必須になってくる。前者については，育児・介護休暇，年次有給休暇，さらにはボランティア休暇を取りやすい職場環境づくりがある。後者については，在宅勤務のための設備やサテライト・オフィスの整備が挙げられる。

広く定型業務を職場RPA（Robotic Process Automation）に任せ，またAI（Artificial Intelligence）を活用することも考えられる。こうしたことは，総じて経営のダイバーシティを高めることになり，創造的組織形成に寄与するとされている。

　さて，「同一労働同一賃金」では雇用形態に係らず，同　業務に従事している場合には同一賃金とすることで，とくに正社員と非正規従業員との格差是正を目的とした。これは流動雇用層にある若年労働者の雇用安定と給料の底上げを目指す狙いもある。同様に，長時間労働に苦しんでいるのも20代30代の働き盛り世代が多い。この世代の残業の抑制や労働時間の短縮化は，子育て世代の家事・育児時間を確保することにもつながる。一方，パンデミックリスク下で一時的に在宅勤務が進むことになったが，在宅勤務や遠隔勤務は労働時間の短縮にも裁量的な働き方にも通じるところがある。情報漏洩のリスクなどを適切に管理したうえで，働く場所を継続的に弾力化・柔軟化していくことが望まれている。

　こうした動向は，企業組織の変革とも関連し，縦型の組織構造から横型・水平型ないし**ネットワーク・アメーバ型組織**との共存が進行している。自宅で労働を請け負う**SOHO**（Small Office Home Office）やフリーランスの働き方，地域問題を解決するための**社会的企業**や**NPO**（Non-Profit Organization）の設立とも軌を一にするものであり，自立型でテーマを持った働き方が徐々に根付いている。このような動向は総じて「個」の確立に結び付くものであり，組織と個人の付き合い方の成熟化現象とも捉えられる。一定程度，自由な働き方を求める個人が増え，それを容認する風潮とハード面の環境整備が整えば，個人の自律的かつ裁量的な働き方が進展するものと思われ，それに合わせて税制や社会保障制度も変化することになる。

3　家族と地域社会の変貌

　かつては豊富な労働力を供給していた地方も，東北地方や中国地方では**合計**

特殊出生率の低下が著しい。また大都市圏でも人口流出による社会減が生じている。合計特殊出生率の低下による人口の自然減だけでなく，多くの市区町村が社会減にも直面している。地方都市と大都市圏に分けて少子化対策，人口減少対策を講じる必要はあるものの，人口の社会的移動も含めて全国的に対応すべき課題といえる。さらに，高齢化，長寿化に伴う老後の貧困や社会的孤立は大都市圏で顕著であり，そのための都市社会政策は喫緊の課題である。

　生活設計や家計との関わりでは，家族形態の変化と家族規模縮小の影響が大きい。三世代同居の減少や核家族化，単身世帯の増加は，家族の役割としての相互扶助機能を弱め，それだけ社会的扶養や地域の互助に頼る部分が大きくなる。また，世帯規模の縮小は「家計」から「個計」へとも言い表せる。家計面でも共通費の部分が減ることで，どうしても生計費がかさむことになる。これは平均的な家計支出構造の割合が変化することでもある。現在どのような変化が生じているのかを，生活費，住宅費，教育費等について図表1－1に示している。

図表1－1　勤労者二人以上世帯の1ヵ月の項目別費用

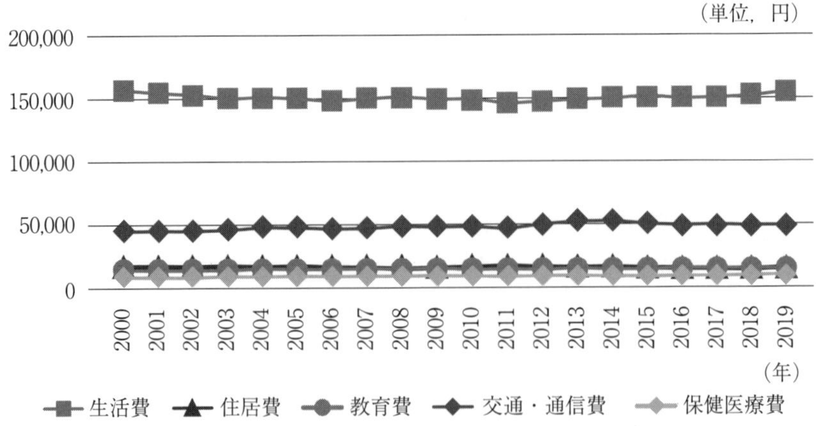

（単位，円）

（出所）　総務省（2020）『家計調査年報』より筆者作成。

　さらに，家計の支出構造に子ども数の減少も影響している。一般に子ども数の減少は，初等・中等教育における競争の緩和に役立ち，経済社会の成熟化に伴うゆとり教育の土壌にもなる。しかし反面，一人っ子や長男長女だけの世帯が増えると，子ども一人にかける教育費が増加する「一子豪華主義」の傾向も生れ，学校教育費以外の塾やお稽古事にかかる費用がかさむことになる。こうした傾向に，スポーツ推薦や一芸入試などの特色ある大学入試や，教育に関する嗜好の多様化が拍車を掛けている（藤本，100頁）。

　子ども数の減少は，地域社会にも大きな影響を及ぼす。親世代が学校の課外活動だけでなく，自治会や子供会の活動に精を出すのもわが子可愛さである。子ども神輿や子供会のイベント，運動会が異なる世代をつなぐ橋渡しの役割を果たす。マンションなどの居住形態が増えたとしても，子どもがいることで世帯をつなぐことができる。子ども数の減少は，総じて地域社会の紐帯を弱体化させることになってしまう。地域社会の紐帯が緩むことは，かつての村社会のような閉塞感を生じることはないが，長寿社会にあっては高齢者の扶養に様々な困難をもたらすことになる。

　厚生労働省により**地域包括ケア構想**が打ち出されているのも，長寿化と家族形態の変化により，独居している高齢者の医療・介護に加えて日常生活支援も大切になっているからである。よく一病息災といわれるが，高齢期には多くが生活習慣病を抱えている。「キュア」ではなく「ケア」が必要となるため，十分なケアがなければ生活の不自由感も強まる。**社会的入院**は**診療報酬**の改革などにより少しずつ減少しているものの，一方で身寄りのない高齢者の地域社会での孤立感は高まっている。若年世帯の頻繁な地域間移動や子ども数の減少により，地域コミュニティの紐帯が弱まっている現在，近隣の互助や相互扶助機能にも大きな期待はできない。行政側が問題解決のための主導的役割を果たし，地域の社会福祉協議会やNPO法人と協力体制を構築することはもちろんのこと，地域住民の積極的な参加や参画を欠くことはできないのである。幸いなことに，若年世代を中心にボランティアの意識や意欲は高まっており，また健康で社会参加意欲も高い高齢者による**社会的企業**の創設なども活発化している。

行政側はこうした動向を正確に把握し，また適正な方向に誘導することで，その活動を間接的に支援することが求められている。多くの自治体ではその中期・長期の活動計画の中で，地域コミュニティ再生のための住民間の紐帯の強化（ソーシャル・キャピタルの充実）を謳っており，そのことが高齢者の生活支援だけでなく地域社会全体の住みやすさを改善することになれば子育て支援にもつながる。

4　老後生活の平均像

2017（平成29）年に行われた厚生労働省の「国民生活基礎調査」によると，高齢者世帯の平均所得は2016年（平成28）年で318.6万円，全世帯平均は560.2万円となっており，高齢者世帯の平均所得はその他の世帯と比較すると56％程度に留まっている。また，高齢者の年間所得を階層別に見てみると，150万円～200万円が最も多く約13％を占めており，その前後となる100万円～150万円が約12％，200万円～250万円も約12％，50万円～100万円も約11％となっており，所得が250万円以下という高齢者世帯が約半数となっている。さらに，その所得のうち公的年金・恩給が占める割合が100％で，年金のみで暮らしている高齢者は全体の約54％と半数以上である。年金の割合が80％以上の世帯を合わせると約66％となっており，高齢者世帯の多くは公的年金・恩給で暮らしていることがうかがえる。

また，総務省の2017（平成29）年の「家計調査」の結果から，二人以上の世帯を対象とした世帯主の年齢別の純貯蓄（貯蓄額から負債額を引いた額）を全年齢階級別に見ていくと，世帯主の年齢階級が高くなるにつれて，1世帯当たりの純貯蓄は増加している。とくに世帯主が60～69歳の世帯や70歳以上の世帯では，他の年齢階級よりも大きな純貯蓄があることがわかる。また，内閣府の平成30年版「高齢社会白書」によると負債額を考慮せずに，貯蓄現在高だけを見た場合，世帯主の年齢が60歳以上の高齢者世帯の中央値は1,567万円，その他の全世帯の中央値は1,064万円（いずれも二人以上の世帯）と，高齢者世帯がそ

の他の世帯の約1.5倍となっている。

　さらに，4,000万円以上の高額な貯蓄がある世帯を年齢階級別に見ると，世帯主の年齢が60歳以上の高齢者世帯（二人以上の世帯）では18.6％，全世帯では12.6％と高齢者世帯の方が高額の貯蓄のある世帯が多くなっている。高齢者世帯の収入は，その他の年代の世帯と比較すると高くはないものの，貯蓄額に比較的余裕がある世帯が多い。また，高齢者の貯蓄の目的については，「より良い生活をするため」や「旅行や大きな買い物をするため」などの生活の楽しみに使用するといった回答はわずかに留まり，約半数が「万一の備えのため」と回答しており長寿化に伴い老老後に備える姿勢もうかがえる。

　わが国の男性，女性ともに平均寿命が80歳を超えるにようになり高齢者は老後の経済的な暮らしについて不安を感じている。図表1－2には，高齢者夫婦二人世帯の平均像を示しているが，収支上で不足額が発生していることがわかる。内閣府の平成30年版「高齢社会白書」によると，内閣府が60歳以上の男女を対象に行った調査「高齢者の経済・生活環境に関する調査」では「経済的な暮らしに心配はない」と感じている高齢者は約64％というデータがある反面，36％つまりおよそ3人に1人は経済的な暮らしに心配があるという数値もある。とくに，後期高齢期には医療と介護の費用がかさむことへの不安感が強い。このことが，老老後に向けた貯蓄の理由であり，また消費を手控える理由にもなっている。

図表1−2　高齢者夫婦二人世帯の平均的生活費

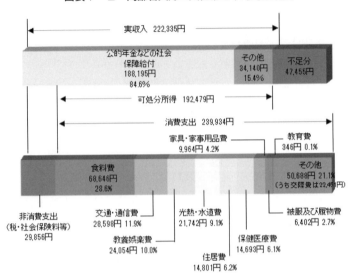

（出所）　生命保険文化センターHP（https://www.jili.or.jp/lifeplan/lifesecurity/oldage/11.
　　　html）より転載。

第2章　少子化の現状と生活保障への影響

1　少了化の現状とその要因

　わが国では，2008年に約1億2,800万人で総人口のピークを迎えた後に，人口は減少している。人口の増加はそれだけで，豊富な労働力と旺盛な購買力から，経済を豊かにすることになる。人口の減少は，もちろん悪い面ばかりではないが，一国の経済社会の規模が縮小することで課題をもたらすことが多い。第二次世界大戦直後と1973（昭和48）年前後の二度のベビーブーム，つまり1年間の出生数の急激な増加を経験しているものの，大きな流れとして戦後は新生児の出生数は低下傾向にある。こうした傾向から本来はより早く人口減少社会を迎えるはずであったが，長寿化の影響で長生きのお年寄りが増えたことは総人口の減少を押し止めていたことになる。昨今は高齢者の長寿化の影響を上回った新生児数の減少から総人口が減っていることになる。事実，第二次ベビーブーム時には200万人を超えていた新生児数は，2000年になり118万人と半減し2019年には86万人にまで減少している。

　出生数の減少は，女性が一生涯に生む子どもの数である**合計特殊出生率**（実際には人，皆婚社会では兄弟の数と同じ意味）の低下とも表裏一体である。戦後は4.5を上回る数値であったものが，2003（平成17）年に1.26まで落ち込み現在も1.4を前後している。この数値が2.07（人口置換水準）であれば総人口を変わらず維持できるので，1.4はかなり低い数値である。欧米の先進諸国でも近年は落ち込んでいる国が多いものの，ここまで数値が下がっているのはイタリアやアジアの中の韓国や台湾など少数に過ぎない。どうしてここまで，少子化が進行したのだろうか。

　結婚の届けがない事実婚による出生児（嫡外子）に十分な社会制度上の保護が行き届かないこともあり，諸外国と比べるとその数は圧倒的に少ない。この

とき，子ども数の減少は結婚した夫婦の子ども数の減少と，婚姻数自体の減少によっても引き起こされる。そこで以下では，「婚姻率の低下」もしくは「非婚・未婚化」と「婚姻後の子ども数の減少」のふたつにわけて原因を探ってみたい。

　わが国では，継続的に非婚・未婚化が進み，生涯未婚率も高まっている（図表２−１）。国立社会保障・人口問題研究所の「人口統計資料集」によると，1985年まで男性の生涯未婚率は3.9％，女性は4.3％とほぼ皆婚社会であった。その数値は男女ともに上昇するものの，とくに男性の上昇が著しい。21世紀に入り2010年に２割を超えると，2020年には25％となり，つまり４分の１を上回る程である。10年後，15年後先には３割を超える事態も予想されている。女性の方は2010年に１割を超えた後，現在の数値は２割に近づいている。豊かな社会の到来とともに生活利便性が高まり，男女ともに一人で自立して生活できる環境が整っている。また，親と暮らす未婚の子どもも増えており，金銭面で親に依存しながら比較的自由に生活する若者も多くなっている。男女の出会いの場が減少したことや仲介役を通じたお見合い婚が減っていることにも一因があ

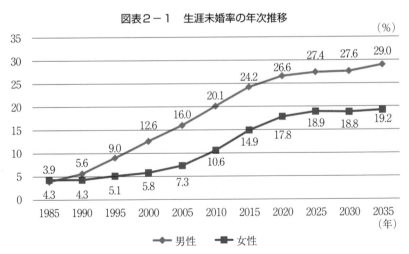

図表２−１　生涯未婚率の年次推移

（出所）　国立社会保障・人口問題研究所（2015）『人口統計資料集』および，総務省（2014）『日本の世帯数の将来推計』（全国推計2013年１月推計）より筆者作成。

る。結婚観も世代によって変化しており，結婚して「家制度」に縛られること
を嫌い，結婚相手の家族との付き合いを疎ましく思うケースもある。そのわず
らわしさから逃れるために，事実婚や週末婚といったスタイルも選択されてい
る。価値観の多様化は確かに非婚化・未婚化の一因であろう。

　しかし一方，結婚を望みながらもママならないケースも多い。とくに，若年
者が非正規雇用者として働く場合には，その経済力のなさが非婚化・未婚化に
つながっている。家庭を持つことや子育てすることはかなりの金銭的な負担に
なるために，付き合っていても婚姻に至らないケースも増えている。若年男性
の婚姻率を高めるには，その経済力を高めることが大前提になる。正社員とし
ての一定の所得と，将来的にも安定した雇用環境がひとつのカギとなる。わが
国では国際的にみても正社員と非正規従業員の給料格差が大きい（図表2－2，
図表2－3）。そのため，働き方改革法案を通じて同一労働同一賃金を実現する
ことは，多くの若者の経済力確保から婚姻化につながる。事実，国際比較から
わが国の非正規従業員の給料が低く抑えられているため，他国にもまして正社
員との婚姻率の格差が大きい。また，女性の場合も正社員として生涯に得る給
料は平均で1億3,448万円といわれるのに対して，非正規従業員では平均8,020
万円にすぎない。女性が働き続けられる環境，とくに正社員としてキャリアを

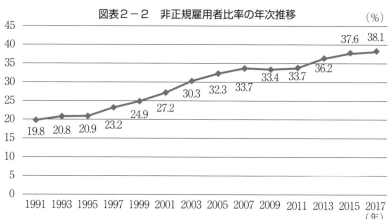

図表2－2　非正規雇用者比率の年次推移

（出所）　総務省『労働力調査』（特別調査）および（詳細集計）各年度版より筆者作成。

図表２－３　雇用形態別平均月収の年齢別変化

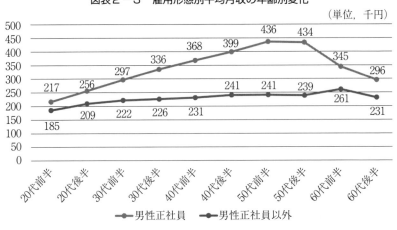

（出所）　厚生労働省（2019）『賃金構造基本統計調査』より筆者作成。

積むことができる環境づくりも大切になる（石田・山本，225頁）。

　結婚してからの子ども数の減少には，友達夫婦のように長く二人の時間を楽しみたいというケースもあるが，多くは子どもを持つことの金銭的ないし精神的負担が関係している。前者については，子育て費用や教育費の取り上げられることが多いものの，人生の他の３大支出である住宅の取得や老後の費用についても，子どもがいる，いないとでは異なってくる。後者については夫婦共働きが増えている中で，女性である妻に子育ての負担が偏り夫婦共同参加型育児が実現していない現状がある。併せて，国や自治体，そして勤務先からの支援も十分とはいえない。事実，婚姻後の理想とする子ども数は2.5人に近いのに，実際の子ども数は2.0人にも満たない。そこで，金銭的負担軽減などの公的な子育て支援策とともに，職場や地域社会での理解も踏まえて女性の**ワーク・ライフ・バランス**，家事・育児と仕事のバランスを確保する施策が切に望まれている。

　加えて，晩婚化の傾向も少子化に拍車を掛けている。医療技術の進歩にあってもなお高齢出産にリスクが伴うことから，晩婚化による晩産化は子ども数の減少につながる。皆婚社会とは異なり，男性20代後半で約７割，30代前半でも

約5割が未婚である。女性にしても20代後半で約6割，30代前半でも約3割が未婚状態である。女性の生涯未婚率が男性よりもかなり低いことは，40歳前後で婚姻に至るケースが多いことを示している。一方で，高齢になるとますますワーク・ライフ・バランスの確保が困難になる。人生100年時代でもあり，高齢になっても肉体的にも，精神的にも安心して就労と出産・子育てが両立できる環境が大事になる。

2　国民負担率と社会保障の持続可能性

わが国がGDPの2倍にも及ぶ多額の財政赤字（2020年度で約1,100兆円）を抱えていることはよく知られている。ここまで財政赤字が膨らんだ背景には，全国規模で公共事業などの財政支出を拡大し，1990年頃までの日本経済を牽引してきた事情がある。地方の赤字路線や空港整備，そして巨大なダム建設がやり玉に挙げられてきた。ただ近年では，単年度でみると一般歳出の5割を超える社会保障費が大きな要因になっている。国民による社会保障負担と租税負担の合計額と国民所得の割合は国民負担率と称され，その負担は少子高齢化によって年々増加している。社会保障とそれに投入される租税の多くは，若年世代から高齢世代への所得移転になるため，高齢者の増加によってその負担は重くなるわけである。事実，租税負担率は景気変動などもあり上下動を繰り返し一本調子で上昇することはない。これに対して，社会保障負担率は1970年の約5％から，高齢化に歩調を合わせて2015年には17.8％まで一貫して上昇している（図表2-4）。

社会保障給付の内訳は，予算規模別に年金，医療，介護，そして子育て支援になっている（図表2-5）。また厚生労働省の資料によれば，2015年に年金は58.2兆円であったものが2025年には61.9兆円に，医療は38.9兆円が53.3兆円に，介護は10.6兆円が19.7兆円に増えており，とくに医療・介護給付の伸びが著しい。多く65歳以上の高齢者が対象となる年金だけでなく，医療・介護の現物給付を受けるのも高齢者が中心である。もちろん若いうちのケガや病気によって

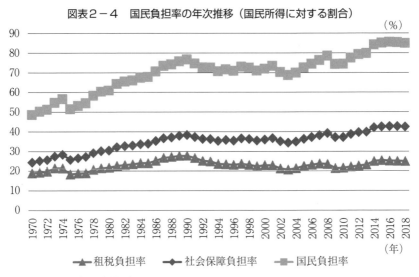

図表2-4　国民負担率の年次推移（国民所得に対する割合）

（出所）　財務省HP資料（https://www.mof.go.jp/tax_policy/summary/condition/a04.
htm）より筆者作成。

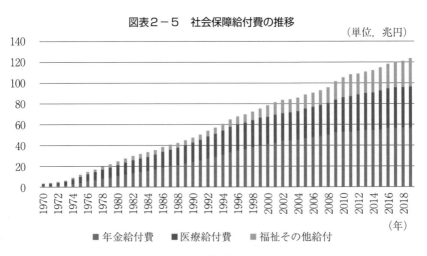

図表2-5　社会保障給付費の推移

（出所）　国立社会保障・人口問題研究所『社会保障給付統計』（https://kaigolab.com/
column/43433）より筆者作成。

も医療費は必要になるものの，医療・介護給付の中心は高齢者に多い生活習慣病や長期入院である。そのため，働いている若年世代（労働力人口・生産年齢人口）が高齢世代（退職人口）を支えていることになる。支えられる人口を支える人口で割った比率を**扶養負担比率**といい，この比率は高齢化だけでなく少子化によっても影響を受け，急速に高まり若い世代の負担増となっている。

　元来，わが国の社会保障は高齢者に偏重していることが指摘され，その分，少子高齢化の影響も受けやすい。負担感だけ募ることは，若年世代が現行の社会保障を維持することに嫌気がさすだけでなく，勤労意欲まで奪いかねない。男女合わせた若い世代の非正規雇用割合が4割に近づいている背景に，労働需要側である会社の雇用戦略が大きく作用していることは間違いない。しかし同時に，労働供給側の若年世代が正社員の責任の重さだけでなく，社会保険料負担を嫌っている風潮もある。自らの給料から直接税だけでなく，多額の社会保険料を徴収されてしまうと，年金保険料の負担が少ない非正規従業員に比べ自由に消費できる可処分所得で見劣りしてしまう。このことが勤労意欲の減退につながってしまうのである。

3　労働力人口の減少による職場と地域社会への影響

　少子化の影響で労働力人口が減少している現在，従来と同じ経済規模，GDP規模を維持するために労働生産性を高めることが工夫されている。しかしながら，若年世代の勤労意欲の減退は，こうした努力や施策を水泡に帰すことになりかねない。一億総活躍社会を目標に女性のキャリア形成を支援するだけでなく，若年世代の勤労意欲を削ぐことがない社会保障の制度改革が求められている。それによる財政余力によって，若年世代への子育て支援と就労支援を充実させ，少子化傾向に歯止めを掛けることができる。今まさに，若年者と女性を対象として全世代型の社会保障が希求されている。また，労働力人口，とくに若年労働力の減少は，労働市場の需給関係から若年時の給料を引き上げる可能性がある。ところが，中高年者との代謝が上手くすすまず，下方に押し

とどめられたままである。この点を改善すれば若年者の給料上昇から，婚姻力を高めることに通じる。

　わが国において産業化と都市化が進展して以来，活発に地域間の移動が行われてきた。それは産業構造の高度化（一次産業→二次産業→三次産業）とともに進展したこともあり，農村漁村などの地方から都市圏・大都市圏への移動でもあった。昨今では集中化の傾向も顕著であり，大都市圏のなかでも首都圏と中部圏へ集中している。ＩターンやＵターンの傾向は現在もみられるものの，若者が就学で地元を後にすると，その多くは都会で就職し家族をなすことになる。そのため，労働移動の頻繁化は家族形態やその同居のあり方にも変化をもたらす。

　既に述べたように，人口が集中する都市では，保育所の設置など十分な子育て環境を整えることができていない。また，通勤に便利な駅周辺のマンションでは人間関係の希薄化が顕著で，住民間の互助に頼ることもかなわない。地方都市では人口流出とともに，過疎化の傾向が続き，保育その他のサービス自体が成立しえない状況となっている。加えて，少子化は小学校や中学校の閉鎖や統合だけでなく，地域の子供会や自治会の行事を縮小させてしまう。子どもの存在が，地域社会や世代間の紐帯の役割を果たしていたとすると，少子化の影響はその絆を徐々に断ち切ることになる。地域社会での諸活動が減退するとそれだけ治安にも悪影響を及ぼし，子どもや老人が犯罪や詐欺の被害に巻き込まれる危険性も高まり，ますます子育てしにくい環境になってしまう。

第3章　少子化への処方箋

1　若者の婚姻力の向上策

　少子化は家族のあり方や地域社会への影響に加えて，労働力人口の減少から経済活動にもマイナスの影響を与える。後者については，少子化対策が功を奏して**合計特殊出生率**が回復傾向をみせても，なお20年間はマイナスの影響を抑えることはできない。そこで，早急かつ効果的な少子化対策は喫緊の課題である。

　その対策の第一として非婚・未婚化対策のために，若年者を中心にその婚姻力を引き上げることが大切である。男性の若年労働者の経済力をアップして，併せて正社員化による雇用の安定化から，結婚に伴う経済的不安を解消する必要がある。わが国ではまだ本格的に実施されていないが，欧州諸国ではこの目的のために，**積極的雇用・労働市場政策**が展開され一定の成果を挙げている。その主要な内容はつぎのとおりである。

(1)　労働市場に対する公共サービスの展開：求職者や転職者に対するマッチング機会の提供や個別就業支援の強化（カウンセリングやコーチングの実施）

(2)　若年労働者の起業支援：ローンの充実

(3)　中小・零細企業に対する雇用促進助成金：給料補助の実施

　従来からわが国でも，ハローワークによって(1)に示すマッチング機会は提供されていたものの，欧州諸国のように求職者とともに会社を訪れて，インターン採用や就職に結び付けるまでの努力は行われてこなかった。こうした伴走型のプロセスにより求職者を導いて，成果に結び付けることが大事である。そのための専門人材の育成も欠かせない。また，新卒後に一旦就職しても数年後に様々な理由で離職する若年者が，自ら再就職先を見つけるには困難が多い。雇用保険に加入していれば職業技能の習得に資金的援助を受けられ資格も取得で

きるものの，これが正社員としての再就職に直結するわけではない。そのため
に伴走型就職支援が有効になる。同時に，再就職先として人材不足の中小・零
細企業が候補にのぼっても，即戦力といえない若年者を雇う余裕に乏しい。そ
こで，一定期間の給料補助を行うことで，若年者を雇いやすい環境を作る必要
がある。

　最後に，新卒後の早期離職には職場に馴染めないことや描いていた職務とは
異なるなど様々な理由があるものの，なかには企業組織に溶け込めない若年者
もいる。こうした若年者がITシステムやプログラミングに関して特殊技能を
有する場合には，自らフリーランスとして働くか，もしくはその独自アイデア
で起業する道を開くことが望ましい。経験と実績がないと十分な資金提供を受
けられないこともあるので，ここに公的資金を投入することには一定の合理性
がある。もちろんその事業やビジネスの有望性に関する判断は介在するが，そ
の絶対数が多くなれば一定の確率で成功事例も見込めることになる。こうした
資金の提供判断には，経済合理性を超えた社会的価値に関する基準が加わるこ
とになる。若年者の安定的な雇用と試行錯誤に基づく自立支援策が，迂遠で
あっても少子化対策につながることになる。

2　子育て世代への金銭的支援

　子育て世帯の稼得収入の減少傾向の中で，子育ての費用が高まっていること
からその金銭的な支援策が望まれている（藤本，107–108頁）。文部科学省や民
間機関の最新調査では，文系と理系，公立と私立に分けて幼稚園から小学校，
中学校，高校，大学までの学費を調べている。平均値ではあるが，すべて公立
学校に通うケースでも最低1,000万円はかかり，それが高校と大学が私立では
1,400万円に，すべて私立の場合には文系と理系を問わず1,500万円以上の出費
となる。これには塾やお稽古事の費用は含まれていないことからすると，大学
進学のケースでは学費を含む教育費は最低でも1,500万円はくだらず，2,000万
円を超えることも予想される。こうした高額の費用を，結婚後間もない若年の

ころから約20年間負担することになる（図表3-1）。

図表3-1　主な進学路別の教育費の総額

幼稚園	小学校	中学校	高 校	大 学	合 計
国公立					1,079.3万円
国公立				私立大学文系	1,270.8万円
国公立				私立大学理系	1,366.7万円
私立	国公立				1,155.6万円
私立	国公立			私立大学文系	1,347.1万円
私立	国公立			私立大学理系	1,443.0万円
私立	国公立		私立	国公立	1,331.5万円
私立	国公立		私立	私立大学文系	1,523.0万円
私立	国公立		私立	私立大学理系	1,618.9万円

※　「幼稚園3歳から高校3年まで15年間の学習費総額」と「高校卒業後の進路別在学費用」より加工。

（出所）　ベネッセ教育情報サイト（https://benesse.jp/kyouiku/）より転載。

　こうした教育費への公的な支援は心許ない状況にある。まず，直接的な金銭支援として授業料の無償化や各種の奨学金の提供がある（藤本，105頁）。2017年になって，3歳児以上の保育料は全ての所得階層で無償化され，また高等教育についても低所得者層（具体的には住民税非課税世帯）は無償化されることとなった。確かに教育に係る高額な家計支出を（一部でも）公費で負担することは，税金を活用した子育て支援策になる。ただし，本来保育料が高額となるのは，1歳児または2歳児でありここへの支援が不十分である。一方，大学進学に際しては，日本学生支援機構による無利子（第一種）と有利子（第二種）の奨学金がある。いずれも貸与型の奨学金であり就職後には返済の義務がある（藤本，112頁）。大学教育に人材育成の社会的使命を強く求めるのであれば，一定の制限を設けても返済義務がない給付型の奨学金を導入すべきである。

　なお，子育ての金銭的な支援であれば子ども手当・児童手当があるものの，わが国の給付水準は国際的にみて低い水準にある（藤本，107-108頁）。また他

国にはない所得制限もあり，対象も限定的であるなどあくまでも低所得世帯への支援策としての位置づけである。併せて，フランスやスウェーデンなどに比べると第2子，第3子に対する割増もなく，少子化対策として明確なターゲットが絞られているわけではない。苦しい財政事情のもと大盤振る舞いできない事情は理解できるものの，これでは多くの効果を期待できず，バラマキの誹りを免れることはできない。

3　夫婦共同参加型子育ての実現

　国際統計をみると，わが国では子育て世代の男性の長時間労働から，夫婦共同参加型子育てとはほど遠い状況にある。こうした状況を改善して，夫婦ともに**ワーク・ライフ・バランス**を実現することは，会社とも協力した子育て環境の整備から少子化の解消に結び付く。しかしながら，若年期の子育て世代の長労働時間にはわが国特有の雇用慣行が密接に関連しており，容易に修正できるものではない。わが国では多くの会社が新卒を一括採用して，正社員として育成する方針を取ってきた。社員・従業員側もひとつの会社に長期勤続して勤め上げることを良しとする風潮があった。長く働き，その会社でOJTで教育訓練を受けることで，自然と必要な知識や技能を身に付け会社への貢献度を高めていく。会社側は蓄積された知識や技能に報いるために，職場での階位を上げ昇任・昇進により給料も引き上げてきた。上位の職位ほど一般には部下の数も多く責任も重くなっていく。全ての正社員を経営幹部や役員とすることはできないものの，子会社や関連会社への転籍や出向によって長期的な雇用関係を維持してきた。こうした雇用慣行のもとでの給与体系は，年齢に応じて高い給料になるので年功序列賃金ないし年功給と称されてきた。

　日本的雇用慣行の中で，労使の緊密な関係が形成され，それは時に経営一家とも呼ばれた。長期勤続する正社員は会社に忠誠心を誓い，長い残業時間も厭わない。こうした傾向に職能給の仕組みが拍車を掛けることになる。諸外国の職務給とは異なり，仕事内容が就職時点で明確なわけではなく，**ジョブ・ロー**

テーションにより複数の業務をこなすことが要求される。職務給であれば，事前に決められた職務を効率よくこなし生産性（アウトプット）を高めることが高い給料として報われる。職能給でも仕事の習熟度は必要なものの，チームの中で複数の職務を分担していると，必ずしも明確に生産性を測ることは難しい。その判断基準は効率や能率よりも，職務遂行にかけたインプットとしての時間になりがちである。

　また，米国や欧州の一部の国では，法科大学院（ロースクール）や経営大学院（MBA）を卒業することが出世して会社役員になるパスポートを手にしたことになる。一部のハイレベルの大学院を卒業することは会社での早期選抜，エリート選抜の対象となる。また新卒で一括採用されても社員・従業員の選別は早期に実施される。非選抜者は離職して自らの技能を高めるために再投資するか，他会社へ転出して活路を見出すことになる。これに対してわが国では，明示的には早期の選抜は実施されず，多くの場合は入社後の一定期間を経て中高年の一時点で役員候補者の選別が実施される。こうした慣行は，社員の昇任・昇進へのモチベーションを維持するに役立つものの，同期との長期的な選別競争に勝ち抜かなければならない。そのために，若手社員を中心に長時間労働を通じて会社に貢献する雰囲気が醸成されることになる。

　ただこのような雇用慣行も徐々にではあるが変化している。まず，急速な技術進歩やグローバル競争の激化から，安定的な継続雇用はますます困難になっている。また会社による人材育成や研修のための予算は絞り込まれており，自らキャリアアップを意図する社員・従業員の転職により労働市場が流動化することにもなる。それにより長期勤続を前提とした年功給は修正を余儀なくされ，また適正な勤務評価・評定に基づく能力主義や成果主義を推進せざるを得ない。

　加えて従来の慣行は，長期継続就労のコア社員・従業員とそれ以外の縁辺従業員を区分し，後者を不安定な雇用状態に置き，前者を長時間労働で縛り付ける。正規従業員，正社員を中心に安定的な雇用関係を維持するために，景気の悪化によっても安易な解雇は避けられてきた。このときその調整弁となるのは，有期雇用者や非正規従業員である。同時に，雇用は維持されるものの，残され

る社員・従業員には労働時間での調整が余儀なくされ好景気時には過酷なまで
の長労働時間が強いられる。こうした処遇の差からくる両者の賃金（率）格差
も「同一労働同一賃金」に反するとして批判されている。

　しかしながら，現場感覚からは改革への抵抗も大きい。ある程度の長期勤続
を見込むことがなければ，訓練投資を回収することもできず生産性を高めるこ
とはかなわない。社員・従業員にとっても闇雲な資格取得や自己啓発への出費
では自己投資意欲は湧かない。OJTと企業主導のoff-JTだからこそ自己投資が
成果につながるのである。また，職務ではなく属人的な要素が強ければ企業組
織内の人員配置，**ジョブ・ローテーション**をより柔軟に実施できるメリットが
ある。さらに，短期的な関係を前提とする人事となった場合には，将来を念頭
に置いて幅広い経験を積ませる人材育成自体も実施できないことが懸念される。
極端に特化しすぎた専門化と分業体制が職場に蔓延る危険性もある。これは欧
米の職務給中心の仕組みであり，会社による長期的な人材投資やチームワーク
重視の職場形成が難しくなることも指摘されている。

　このようにして，正規従業員，正社員の長時間労働問題だけでなく，雇用形
態による処遇格差も，職場での雇用慣行に組み込まれており法律や規制のみで
動くものではない。改革実現のためには，労使で乗り越える山が大きすぎると
もいえる。まずは，労使それぞれが現実を直視して問題意識を共有することで，
改善目標を明確にすべきである。そして，実際に小さなことから始めて，その
良い影響を実感，体感することで前へ進む必要がある。

　また，従来の慣行を前提とした処遇では，女性の継続就労と育児・介護との
両立を阻むことにもなりかねない。長期継続雇用を前提とした正社員や正規従
業員のための報酬，福利厚生そして教育訓練費用は固定費となってしまう。そ
れ以外の社員・従業員に掛かる費用を極力流動費化することで，経営環境や景
気動向の変動にも対処することを目指すのである。そのため，統計的に短期的
な転職が予期される女性社員に対する教育訓練は活発化せず，その有効活用も
できなくなってしまう。少子化に伴う労働力人口の減少下では，女性の働きや
すさを追求するためにも改革は待ったなしの状況にある（石田，44－45頁）。

　会社側は育児休業制度の充実で協力することができる。わが国の育児休業制度はその対象が限定され，また保証する従前給料の割合も低いために子育て支援には不十分である。また必ずしも男性社員の育児休業の取得率は高くない。今後，雇用保険内の育児休業制度に会社独自の制度も合わせて，子育て世代を支援することが重要になる。もちろん，チーム内での役割の再構築や育児休業中の代替人員確保など，会社にとっての見えない費用や生産性の低下に伴う逸失利益（本来ならば得られた利益）も生じてしまう。そのために，男女ともに育児休業の取得者が一定程度は発生することを予期して，人事計画を策定していくことも必要となってくる。併せて育児休業を取得しやすい**ファミリーフレンドリー**な会社を，社会的に評価する仕組みづくりの実効性が求められている。

4　地域社会における子育て支援

　地域社会において少子化が進むと，人口減少による経済活動の低下，税収の減少，ひいては市区町村の行政機能の低下にまで至ることになり，地域社会と行政にとって様々な課題をもたらす。地方自治体も財政難にある中で，民間の資金・人材や住民の積極的な参画も生かしながら，子育て支援策を創意工夫していくことが不可欠である。たとえば，保育園・保育所の確保・充実，独自の子育て支援のための資金提供，そして「時間貯蓄」「地域通貨」といった育児ボランティアの仕組みづくりなどの方策が考えられる。

　まず，保育園・保育所の確保・充実と財政的な支援のあり方が重要になってくる。この点について，首都圏・大都市圏と地方ではかなり状況が異なっている（藤本，58-64頁）。東京，大阪，そして福岡とその近郊の都市では，待機児童数が依然として多い。そのことは，首都圏・大都市圏で核家族を営み，共働きしている子育て世代にとって妻の就労の壁となってしまう。正社員としての職を得ることができないと，家計の教育費負担からもう一人生むことを躊躇することにもなる。行政側でもこの問題は認識しており，2016年９月には「待機児童解消加速化プラン」も示され，幼保連携施設や設立要件が緩やかな認定こ

ども園が創られた。それでも施設設立への住民の反発や保育士の不足から，待機児童の減少は期待したほどではない。逆に地方ではこうした施設の利用者は過少で閉園や統合が行われている。都市部と地方との若い世代の人口アンバランスは，保育施設の需給にも暗い影を落としている。

　併せて，首都圏・大都市圏での保育料，とくに1歳児や2歳児の保育料がかなり割高で結果的に家計へ負担が重くのしかかっている（藤本，69-75頁）。親による保育料の負担は，原則として応能負担で所得に比例した金額である。ただこの所得基準はかなり厳しく，世帯収入400万円前後でも全額自己負担に近くなる。これでは妻の収入がかえってアダになりかねない。一方，保育に手のかかる1歳児や2歳児の場合には，それだけ保育士の人件費が高くなり，さらに高額負担を強いることになってしまう。雇用保険の育児休業が1年以上であることはなく，保育園に預けることができなければ1年から2年のキャリアのブランクが生じてしまう。このことが少子化の大きな原因にもなっている。首都圏の自治体の中には，こうした事態を受けて積極的な支援をしているところもあるものの，税金を過剰に投入しているとの非難も上がっている。限られた税金であるので，少子化対策ないしはそれに関連する費用負担であっても，地域の発展にとって不可欠であるとの理解を得る必要がある。

　よく子育てには地域の支えが必要であると指摘される。しかしながら，子育て支援や社会的に孤立した高齢者の援助など，地域社会での目に見える互助の基盤は崩れているともいえる。たとえば，内閣府（2017）「社会意識に関する世論調査」では都市規模別に近所付合いの程度を調べているが，都市規模が大きくなるほど付合いの程度は希薄化しており，その傾向は近年に至ってとくに顕著になっている。この傾向に共働き世帯の増加や少子化に伴う地域社会や小・中学校でのイベントの縮小化が拍車を掛けている。

　厚生労働省（2008）「これからの地域福祉のあり方検討会」ではこうした現状を踏まえて，「地域における多様な福祉課題に対応していくためには，新たな地域支え合い（互助）を確立していくことが必要である」とし，その条件として(1)住民主体を確保すること，(2)地域の生活課題発見のための方策があるこ

と，(3)適切な圏域を単位としていること，(4)地域福祉を推進するための環境（ヒト・モノ・カネ・情報）が整備されていることなどを掲げている。また，総務省（2011）「新しいコミュニティのあり方に関する研究会」では，「こうした地域コミュニティ崩壊による諸問題に対処して，それを再生し**ソーシャル・キャピタル**として再構築する」ことを目的として，以下の3項目の重要性を指摘している。

(1)　地域コミュニティによる災害・犯罪に対するセーフティ・ネット構築

(2)　地域福祉，在宅医療・介護の基盤整備

(3)　子どもや高齢者など被扶養者に対する支援の基盤整備

　そのため，地域社会における互助や相互扶助を再構築する必要があり，実際に各地域でこうした動きがある。「ボランティア」の促進要因としての**エコマネー**，**地域通貨**，**時間貯蓄・時間交換**（時間預託）である。

　最後の時間貯蓄は，相対のサービス時間の交換制度であり，近隣互助の仕組みづくりを目的としている。この仕組みでは仲介する事務局を通して，日常生活支援を求める人に適切にサービスを提供できる人を紹介する仕組みである。事務局は地域福祉に根差した活動をしているNPO法人が単独で，もしくは行政や社会福祉協議会と連携して行うことが多い。特徴として，仕組みに参加している人々が提供するサービス時間を点数化してお金のように仮想口座に蓄え，貯めた時間分のサービスが必要なときに受けられる。サービスの担い手は地域の住民，とくに女性や中高年層が主体となっている。都市部を中心に地域において高齢者，障がい者，母子世帯等を対象に給食，家事応援といった日常生活の援助や簡単な介護や看護のサービスを提供する，非営利の住民参加型ないし住民主体の福祉活動といえる。都市圏近郊を中心にして，多くの事例がみられる。そのなかには，日常生活支援を超えて，園芸や芸能の実演やその指導を組み込んでいる団体もある。また，地域社会の紐帯を強めるように地域行事やイベントへ助力する活動もある。子育て支援として，買物難民である単身高齢者に対して若い世代が送迎する代わりに，高齢者が子どもを一時預かりすることもある。

　サービスの提供者と受け手は互換的な立場にあるために，気兼ねすることなく日常生活支援を受けることができる。また提供者としては善意によるサービス提供の満足感と将来的な安心感が得られ，地域社会への貢献意識が芽生えることになる。そのことが生活の自立や要介護状態の予防にもなる。地域社会全体にとって，またそれを支援する行政にとっても，助け合いを通じた地域の連帯感を醸成することで地域コミュニティを再生することにもつながる。行政側はこうした地域社会における相互扶助や互助の仕組みを支援していくことで，少子化対策にもつなげなければならない（詳しくは第9章を参照のこと）。

第 2 部

生活保障とファイナンシャル・プランニング

第4章　公的年金の現状と課題

1　わが国公的年金の姿

　わが国の公的年金は国が営む社会保険であり，全国民に対する強制加入制度として実施されている。老齢年金，障害年金，遺族年金の種類があり，生活上のリスクを幅広く保障している。退職した高齢者にとって，老齢年金は老後生活費の平均で7割程度の給付水準であり，主要な収入源となっている。障害年金は，年齢にかかわらず障がい認定を受けることで給付事由が発生し，その状態が継続する限り給付を受けることになる。若年者でも障害がある場合には，働く場所が十分に確保されておらず，また低い給料のことも多い。こうした状況を補って生活水準を維持する目的がある。遺族年金は，婚姻している世帯で家計の主な支え手（多くの場合は夫，ただし妻のケースもある）を失った場合に残された家族が受給する年金である。18歳未満の子どもがいる場合には加算もある一方，再婚した場合には給付は打ち切られることになる。家計の主な稼ぎ手を失った後に残された家族が働くことはできるものの，多くの場合は低い給料に甘んじることになる。また遺族年金がないと慌てて職探しすることになり，意に沿わない就職をしてしまうことになる。そこで遺族の就業状況に関わらず一定の所得を保障する。

　公的年金は生活上の様々なリスク，長生きリスク，障害を負うリスク，そして遺族となるリスクに対処して生活を保障するものである。これらのリスクを個人ではなく国の責任において対応するのでリスクを社会化していることになる。社会保険としての仕組み上，国（実際には業務委託を受けた日本年金機構）が保険者となり，国民が加入者・被保険者となる。国民は事前に年金保険料を支払い，リスク発生に際して各種の年金を受給することになる。その意味で公的年金は，国と国民との契約関係であり，年金保険料を支払う義務がある反面，

権利として年金を受給することができる。

　わが国の公的年金は，その対象によって国民年金と厚生年金（共済年金）に分けられ，前者は自営業者や非正規雇用者など（第1号被保険者），後者は民間企業の正社員や公務員などの被用者（第2号被保険者）を対象とする。第1号被保険者には自営業者とその妻の他に，自由業の方，20歳以上の学生そして非正規雇用者などが含まれる。第2号被保険者である被用者の年金は2階建て年金といわれている。それは，被用者が加入している厚生年金（共済年金）が基礎部分（基礎年金と通称される）とその上乗せの報酬比例部分の2層で構成されていることによる。2階建て年金は被用者だけを対象としたものである。

　なお，被用者の妻で専業主婦の方は，第3号被保険者と称され国民年金（基礎年金）のみを受け取ることになる。ただし，公的年金は世帯単位で構成されているため，片働き世帯に対しては夫婦二人の基礎年金と夫の報酬比例部分が併せて支給されることになる。週の労働時間が正社員の2分の1未満，つまり20時間未満でパート，アルバイトとして年収130万円未満で妻が働いている場合も同じである。夫婦ともに正社員であれば，両者の厚生年金を別々に受給することになる（図表4－1）。

　さて以前，国民年金は主に自営業者に限定した制度であったが，1986（昭和61）年の年金改正で厚生年金の基礎部分と統合され，全国民を対象とした普遍的な制度となった。そのために国民年金は基礎年金とも呼ばれている。国民年金（基礎年金）の毎月の年金保険料，および老後になって受給できる金額は全加入者で等しく，均一給付・均一負担の定額年金となっている。2020年現在の保険料は月額16,540円であり，住んでいる市区町村で自ら納付することになる。給付は個人単位で一人当たり月額65,000円程である。ただしこの金額は加入期間と物価水準などで変動することになる。最低限10年間は保険料を納付した期間がないと給付を受けらず，一方で40年が最長期間であり加入期間に比例して基礎年金額が決まってくる。自営業者夫婦の場合，40年間保険料を納付し続けた実績があれば，夫婦2人で月額13,0000円程の年金を受給できる。

図表4-1　わが国の公的年金の姿

年金制度の仕組み

○ 現役世代は<u>全て国民年金の被保険者</u>となり、高齢期となれば、<u>基礎年金</u>の給付を受ける。（1階部分）
○ 民間サラリーマンや公務員等は、これに加え、<u>厚生年金保険</u>に加入し、基礎年金の上乗せとして報酬比例年金の給付を受ける。（2階部分）
○ また、希望する者は、iDeCo（個人型確定拠出年金）等の<u>私的年金</u>に任意で加入し、さらに上乗せの給付を受けることができる。（3階部分）

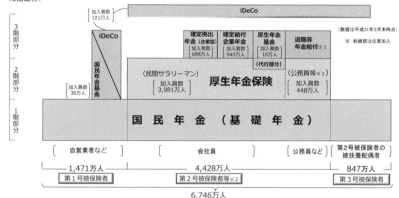

※1　被用者年金制度の一元化に伴い、平成27年10月1日から公務員および私学教職員も厚生年金に加入。また、共済年金の職域加算部分は廃止され、新たに退職等年金給付が創設。
　　ただし、平成27年9月30日までの共済年金に加入していた期間分については、平成27年10月以後においても、加入期間に応じた職域部分を支給。
※2　第2号被保険者等とは、厚生年金被保険者のことをいう（第2号被保険者のほか、65歳以上で老齢、または、退職を支給事由とする年金給付の受給権を有する者を含む）。

（出所）　厚生労働省（2020）『厚生労働白書（令和2年度版）』238頁より転載。

　これに対して厚生年金（共済年金は2015年に厚生年金に統合）は期間比例・報酬比例の年金である。毎月支払う年金保険料は月収（制度上は標準報酬月額とされている）に比例しており、月収に掛ける数値を年金保険料率と呼んでいる。この料率は高齢化に合わせて引き上げられてきたが、2017年からは18.3％で固定されている。このうち半分は勤めている会社の事業主が支払う（**労使折半原則**）。なお、被用者の年金保険料は会社がまとめて日本年金機構に支払っており個人で納める必要はない（保険料の天引き制度）。

　年金受給額も同じく月収（ただし税金・社会保険料を除いた手取り額）に一定割合（これを年金給付率と呼ぶ）を掛けて決まる。この割合は時代に応じて変化しているものの、現在は平均値で6割程度である。ただし、国の制度であるために高所得者にはやや低い割合、低所得者にはやや高い割合となっており老後の年金額は平均化されている。

　夫婦世帯の厚生年金額（片働きをモデル世帯）は2020年時点で平均22万円程度

であり，高齢夫婦のみ世帯の平均消費月額約24万円をほぼカバーできる水準となっている。ただしこの金額は40年間年金に加入することが前提であり，また世帯主収入も平均値であることが想定されている。そのために，加入期間・保険料納付済期間がこれよりも短い世帯や低所得世帯ではこの金額よりも低くなり，全世帯に対して老後生活に十分な保障が与えられているとは言い難い状況である。

2　公的年金の特徴

　公的年金は，国の責任で実施する公共性・公益性の高い制度であると同時に，民間私的な保険の仕組みを活用している二面性がある。国は年金保険料の拠出に対して社会保険料控除として税金がかかることを免除している。また，国民年金・基礎年金給付の半分に当たる部分を国庫から税金により負担している。さらにわが国の社会保険の特徴として，その保険料は**労使折半原則**によって加入者が勤めている会社の事業主が半分を負担している。

　一方で，保険の仕組みであるために，加入者は自ら年金保険料を納める義務がある。ただ，私的年金や民間保険とは異なり，積立てた年金保険料に利子がついて，それを老後になって受け取っているわけではない（こうした方式を**積立方式**と呼ぶ）。積立てるはずの毎月の年金保険料はその時の高齢者などの年金給付の原資となる（こうした方式を**賦課方式**と呼ぶ）。賦課方式では高齢退職世代の年金給付費の原資をその時点の若年就労世代が賄っており，年金受給者の生活を保険料を支払う加入者が支えていることになる（**世代間扶養**の仕組み）。そのため，加入者は年金保険料ではなく，将来年金を受ける権利（年金受給権）を積立てていることになる。この積立期間を保険料の納付済期間と呼ぶが，最低10年間が必要となる。10年以上保険料を納めた期間がないと，年金給付は一切受けられなくなってしまう。以前は国民年金で25年，厚生年金で20年の期間が最低必要であった。若年者を中心に非正規雇用者が増加していることから，必要期間が2017年から短縮されることとなった。

　また，被用者年金では給付と負担の対応関係がみられる。つまり厚生年金（共済年金）は2階建て構成で，その2階部分は加入（保険料納付）期間と報酬（給料）に比例した年金となっている。こうした「給付と負担の対応性」にも保険としての要素がある。これにより厚生年金（共済年金）では長い期間働き，高い年金保険料を支払えば，その分，老後も多く年金が受給できることになる。年金保険料をきちんと納めるように誘導するとともに，働く意欲を高める効果が見込めることになる（**労働生産性効果**）。

　民間の個人年金と比較すると，公的年金は終身年金であり一生涯の生活費を保障する特徴がある。個人年金の多くは確定年金ないし定期年金として，退職後の一定期間（たとえば10年，15年）の生活費を保障するだけである。また，公的年金には実質購買力を維持するためのスライド制度がある。働き始めたころの給料は老後を迎える40年後の水準とは大きく異なっている。そこで過去の低い給料を一定の基準により読み替えて年金額を決定している。併せて，退職後期間では物価上昇に合わせて毎年の年金額を改定している。最後に，民間の個人年金であれば，原則として年金の受給開始時点は契約時点で事前に決められている。これに対して，公的年金の老齢年金では，受給開始年齢は原則的に65歳に定まっているものの，60歳から繰り上げて受給することも，70歳（今後は75歳）から繰り下げて受給することもできる。60歳から受給すると毎月の年金額は38％減額される一方，70歳からの受給では42％増額され，それが一生続くことになる。一般に画一的とされる公的制度であるが，公的年金では個別加入者（被保険者）の雇用状況や本人と家族の健康状態などに合わせて，弾力的かつ柔軟に受給開始年齢を選択できる。

3　公的年金の課題への対応

　過去の公的年金の大きな改革としては，1986（昭和61）年に**最低生活の保障**として基礎年金が創設された。その基本理念は性別や家族形態に関わらず全ての国民に，憲法第25条に定める基本的人権としての最低生活を保障することで

ある。併せて，被用者年金は基礎部分と報酬比例部分の２階建ての制度となった。その後の大きな改正として2004（平成16）年改正が挙げられる。その当時もかなりの程度高齢化が進展しており，若年就労世代の負担が大きくなり2025年頃には年金保険料率は３割近くなることが予想されていた。それに医療や介護の保険料を加えると給料の５割近くになり，つまり給料の半分近くが**移転所得**として高齢者に回されることになってしまう。

　年金保険料率が上昇し支払うことになる年金保険料が上昇するのは，公的年金の財政方式と関係している。わが国のように賦課方式で財政が運営され，公的年金が若年就労世代から高齢退職世代への**移転所得**であると，少子高齢化の影響を直接受けることになる。年金を負担し高齢者を支える若年就労世代が多いうちは負担が軽くてすむが，高齢者が増え若年者が減ってしまうと途端に負担が重くなってしまう。図表４－２，図表４－３にあるように，賦課方式のもとでは両世代の人口の割合を示す**扶養負担比率**が年金保険料率に直接反映されるので年金保険料が高騰してしまうのである。

*　**扶養負担比率**＝65歳以上人口／20〜64歳人口＝定年退職人口／労働力人口（生産年齢人口）＝被扶養人口／扶養人口

*　年金保険料＝年金保険料率×月収（標準報酬月額）

　このような年金保険料の高騰は，若年就労世代にとり税金とともに非消費支出の増加にあたり，結果的に可処分所得は減少し消費水準は低下する。このことは経済全体にとっても消費の減退から経済成長の足枷になってしまう。また個人的にも頑張って働いても負担が重く稼得収入が思うように伸びないことから，働く意欲を失ってしまう。そのため，経済成長に欠かせない**労働生産性**にも負の影響を及ぼすことになる。

　こうした状況は，今後2055年に高齢化率がピークを迎えるまで継続することになり，その悪影響は計り知れない。そこで，2004（平成16）年の年金改正によって負の連鎖を断ち切るべく，公的年金の大規模な構造改革が断行されたわけである。具体的には，その給付・負担構造は，それまでの**給付率固定型**から**保険料率固定型**（保険料水準固定型）へ変更されたのである。

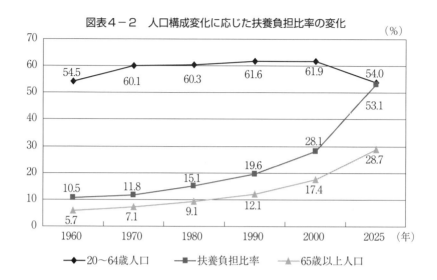

図表4-2　人口構成変化に応じた扶養負担比率の変化

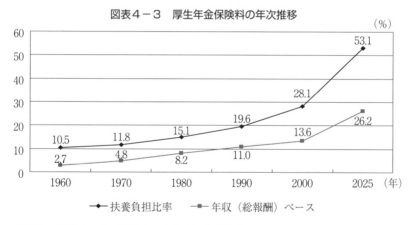

図表4-3　厚生年金保険料の年次推移

（出所）　図表4-2，図表4-3ともに筆者作成。

　公的年金は超長期の制度であるために，年金財政に影響する金利や為替など
の経済変数と加入率や脱退率などの制度要因を随時見直すことは避けられない。
公的年金財政を長期的に安定させ，制度の持続可能性を高めるために，2004年
時点までは5年毎の**財政再計算**が実施されていた。その当時の**給付率固定型**の
方式では，一定の算定式と確定した**所得代替率**（≒**年金給付率**）のもとで，年金

数理計算によって（段階）保険料を決定していた。老後生活保障を確実にするために一定の給付水準を維持することが目的であった。予想を超える少子高齢化の進行によって，再計算の度に年金保険料が引き上げられ，将来の負担が確定しないことが問題視されていた。

　そこで，将来の年金保険料率の上限を決め，その範囲内で給付する仕組みに構造変革した。こうした仕組みを**保険料率固定型**もしくは**保険料水準固定型**と呼んでいる。改正案の実施後，2017（平成29）年までは毎年保険料率を0.354％ずつ引き上げていくものの，それ以降は18.3％で固定することとした。これにより将来世代の負担は確定し，公的年金に対する不安感が一部緩和され，若年就労世代の働く意欲減退を抑制することが期待された。しかし逆に，少子高齢化現象に伴い**所得代替率**，つまり年金受給額の現役手取り年収に対する割合は減少することとなった。固定される収入の範囲で年金を給付していくために，それを制御する仕組みも必要となり，**マクロ経済スライド（長寿化の程度と労働力人口の減少に応じた年金給付額の引下げ）**が導入された。なお，両方式の影響については世代毎に下表にまとめている（図表4－4）。

図表4－4　2004年改正の比較ポイント

給付率固定型	比較ポイント	保険料率固定型
人口高齢化のピーク以降の世代	人口動態の影響を強く受ける世代	人口高齢化のピーク以前の世代
人口高齢化に向かう世代は安定的な高い倍率	給付・負担倍率の変化の度合い	人口高齢化に向かう世代の倍率の落込み
必要度の面からアプローチする高福祉・高負担型	給付・負担設計のあり方	負担制約からする中福祉・中負担型 年金負担のツケを将来に先送りしない方式

（出所）　筆者作成。

4　2004年改革とその影響

　この年金改正によって，少子高齢化の一層の進展によっても，将来世代の負担増には歯止めが掛けられ，年金財政はその後100年間は安定するとされた。そのため「100年安心の年金改革」とも「若者・将来世代思いの年金改革」とも称された。一方で，こうした改革によっても，世代間の給付と負担の公平性は確保されないこと（世代間不平等問題）と低下する年金受給額を補って，自助努力によって公的年金を補うことの課題が残された。併せて，雇用環境が変化し非正規雇用が増大する中で，依然として保険料負担に耐えられない層がいることに鑑みて，国の責任で保険料を払いやすい環境をつくることも重要になっている。

　たとえば，障害を持つ方，生活保護を受けている方，そして所得の低い方には，保険料支払いの一部または全額の免除規程がある。所得のない20歳以上の学生には，就職してお金を稼ぐようになってから保険料を納める「出世払い」の制度（**学生納付特例**），さらには**若年者納付特例**もある。ただし，こうした免除や特例の適用を受けるためにも自ら申請手続きをとる必要がある。

　さてここでは，世代間不平等問題を取り上げ，その実態と改善案の効果を検討しよう。ここで世代間不平等問題とは，生まれた年度（世代）によって，支払う総年金保険料と受取る総年金給付額に違いがあること指している。まず図表4－5から現状を確認しよう。

図表4－5　2004年の年金改正に伴う年代別の給付と負担の変化

（単位，万円）

生年・年齢	1935年生まれ	1945年生まれ	1965年生まれ	1985年生まれ
以前の保険料負担額	700	1,100	2,200	4,000
新方式の保険料負担額	700	1,100	2,200	3,400
以前の年金給付額	5,800	5,800	6,800	8,700
新方式の年金給付額	5,700	5,300	6,100	7,800
以前の給付・負担倍率	8.5	5.1	3.1	2.2
新方式の給付・負担倍率	8.4	4.7	2.8	2.3

＊　新方式では，保険料率固定型に移行し，国庫負担は1／2へ。また，対象はモデ
ル世帯であり，負担額・給付額は賃金上昇率2％で65歳時点評価。
（出所）　日本経済新聞，2003（平成15）年9月24日を一部修正。

　図表4－5から，年代別の生涯にわたる負担総額と給付総額，そしてその倍
率が見て取れる。まず負担面からみるとほぼ保険料を払いきる1965年以前生ま
れの世代では負担総額は変わらない。一方この改革の影響を受けて負担が減少
しているのは1985年生まれの世代で，一定の仮定の下で600万円ほど負担は
減っている。給付についてはどの世代も減少している。その影響度合いは世代
が若くなるほど大きくなり，1935年生まれの世代では100万円，1945生まれで
は500万円なのに対して，1985年生まれの世代では900万円も減少している。さ
らに世代別に給付・負担倍率をみると，大きな格差が生じていることがわかる。
ただその倍率は，年金改革の影響を受けて，1935年，1945年そして1965年生ま
れの世代ではどれも悪化しているのに対して，1985年生まれの世代だけは僅か
だが改善している。この傾向は，負担総額と給付総額がともに減少する将来世
代でも継続することになる。ここに，「若者と将来世代思いの年金改革」の意
味がある。しかしそれでも，なお給付・負担倍率の格差はほとんど縮まってい
ない。金額をみてみると大きく異なるのは負担総額であり，高齢の世代ほどそ
の金額は低くなっている。この世代が生きた時代は少子高齢化が進んでおらず，
賦課方式の財政運営のもとで少額の年金保険料を納めてきた結果である。
　ただし，若い世代でも2倍を超える倍率を享受しているのは，国庫負担や事

業主による折半の負担があることによる。公的年金を市場の金融商品と一緒に
はできないものの，リスクなく安定的に2倍もの給付を受け取れるものはない。
公的年金に保険性があるだけでなく，強制加入の公的な制度として実施される
からこそ高い給付・負担倍率を得ることができるのである。このように考える
とき，数値だけをみて世代間不平等を言い募ること，喧伝することは適切では
ない。

　今後はマクロ経済スライドによって給付調整を行う場合，長寿化を左右でき
ないとすれば，政策的には労働力人口，生産年齢人口を増やすことが給付増に
つながることになる。つまり，少子化対策を強化して，20年くらいのタイムス
パンで人口を増やすことができれば，年金給付増となり老後生活水準の向上に
も結び付くことになる。そこで，老後生活の充実のためにも少子化対策は待っ
たなしの状況にある。

　併せて，女性の働きやすい環境を作り活躍を促すことや，ワークロングで高
齢者に長く働いてもらうことも有益になる。とくに現在も勤労意欲が高い高齢
者の雇用環境を整備することは，受給者から負担者への転換を促すとともに，
元気に働ける健康経営によって健康寿命を延伸して医療・介護費用も抑制する
ことができる。健康で社会貢献意欲が強い高齢者には，地域社会での互助や相
互扶助への参加も期待されている。非正規雇用者と高齢雇用者の増加の中で，
2020年に公布された**年金機能強化法**を通じて，すべての被用者に公的年金の役
割を行き届かせることが重要になっている。

第5章　人々の働き方と雇用保険

1　わが国の雇用環境と失業状況

　被用者と自営業者とにかかわらず，退職ないし引退するまでほとんどの人が働くことで生活の糧を得ている。こうした稼得収入は，勤めている会社からの解雇や会社の倒産・破産，仕事中のケガや病気による入院などによって途絶えてしまう。社会保険のうち，雇用保険はこうした稼得収入の途絶に対して，生活を保障する役割がある。加えて，指定された職業訓練費用の一部を負担することで，失業者や転職者が（再）就職しやすい環境を整えている。2020年に流行した新型コロナウィルスに対しても就労の中断に対する保障を行っている。いずれにせよ，人生の大半を占める就労期において不測の事態・リスクに備えて生活を保障するとともに，より良い就労環境を整える役割を果たしている。就労中断の事態はキャリアの形成にもマイナスになり，また老後に備えて準備する期間も短くしてしまう。雇用保険は人々の就労環境と生活水準の維持のためにも欠くことができないものである。なお，失業（率）の定義に国別に相違があるものの，わが国では雇用保険の対象となるには一定の要件が必要であり，とくに職業安定所（ハローワーク）に登録があるかがポイントとなる。

　わが国では，新型コロナウィルスの影響で景況感はかなり悪化している。会社の倒産や新卒採用の抑制，非正規雇用の雇止めなども横行している。厚生労働省の労働力調査（基本集計）によれば，2018年と2019年の年間失業率は2.4％と2.5％であり，かなり低い水準に抑えられていた（2020年7月31日公表分）。2020年に入りコロナ禍の影響が出だしたことで，6月には2.8％まで上昇し，完全失業者数は195万人で前年同月に比べ33万人も増加している。この傾向は5か月連続していた。同時期の米国では，4月に2,000万人も失業者が増え，失業率も4.4％から14.7％まで3倍以上に跳ね上がっている。このふたつの数

字は第2次世界大戦以降で最悪であり，新型コロナウィルスの影響度合いが世界恐慌以来であると指摘されている。そしてコロナ禍の終息がみえない場合には20％を超える事態も想定されている。

　わが国でも，その影響は計り知れない。外出自粛により被害が大きく出ているのが観光業や飲食業である。新規採用者は内定を取り消される一方で，非正規従業員の雇止めが横行し，正社員の労働時間も大幅に削られ残業代がつかないケースも散見される。こうした状況から雇用状況は悪化の一途を辿り，失業率も倍以上の5％を超えることが予測されている。ただし，米国とは雇用慣行や労働法制が異なることから，米国ほどには失業者数は増えないとされている。まず，その理由についてわが国の雇用慣行から接近してみる。

2　日本的雇用慣行と失業問題

　従来わが国には，三種の神器といわれる暗黙の雇用慣行，雇用慣習があるとされてきた。三種の神器とは，終身雇用，年功序列賃金，企業内労働組合を指す。終身ないし生涯とはいかないまでも長期的な雇用関係が維持される中で，同一会社内で出世してキャリアの階段を上っていくことが期待されていた。会社側が必要と考える技能・技術に関する研修やOJTが実施され，それによる生産性向上の利得を労使が分け合ってきた。若い頃には会社に対する貢献よりも低い報酬である給料であっても，両者の差額は社員・従業員からの会社への暗黙の出資と捉えられてきた。こうした出資が利害の共有を強化することで，経営一家とも呼ばれる労使間の強い連帯意識が芽生える。会社側もこれに応える形で，勤続の後半では貢献よりも高い報酬・給料とすることでバランスをとってきた。

　会社利益は，(1)株主（所有者）への利益還元である株主配当金，(2)リスクを取ることの見返りとして，利益に貢献した経営者・経営陣への役員報酬，(3)将来の会社成長への投資資金をなす内部留保金に分けられる。大企業間や系列企業間での株式持合いが減り，年金基金・投資銀行をはじめとした機関投資家が

ウエイトを高めるにしたがって，株主利益を重視した経営への介入が頻繁化している。こうした短期利益を優先した経営姿勢は，内部留保金を圧迫し将来への投資資金を抑えることになる。安価な設備投資資金（内部留保金）を活用して新規事業を展開し会社規模を拡大すること自体，必ずしも経営効率を高め株主配当金を増やすことにならないとして批判の目が向けられることになる。また，内部留保金が豊かなキャッシュリッチ企業へは，企業買収が積極的に仕掛けられることにもなる。こうしたことから経営者の視野は短期化し，経営戦略だけでなく人事戦略にも影響を及ぼすことで長期的な視野に立った人材育成策を後退させることになる。こうした傾向に経営のグローバル化やサービス産業化が拍車を掛け，一部の幹部候補（コア人材）以外への人材教育・研修までは手が回らなくなる。このような人材投資は長期的な労使関係を重視するからこそ可能となるのであり，経営者の視野も短期化し一部で終身雇用も崩れているために，現在では人材投資にも自己責任が強調されている。

　また，欧米のような業界横断的ではない会社毎の労働組合では，会社役員も元は組合員として同じ釜の飯を食った同胞として位置づけられ労使協調を演出してきた。激しい労使紛争も会社側の一方的な解雇も，こうした雰囲気のなかで未然に抑制されてきた。現在は，経済・経営のグローバル化やガバナンス改革の中で状況は変化しているものの，依然として一方的な解雇には厳しい目が向けられ，ときには社会からの指弾を受けることもある。実は従来の雇用法制は，こうした日本的雇用慣行とも整合的であり，安易な解雇を抑止する方向に作用していた。それが**解雇権濫用回避**の考え方である。

　過去の解雇紛争による労使の裁判事例を通して，会社側による一方的な解雇（整理解雇）には厳しい条件が課されてきた。具体的にはつぎに示す4要件が課されており会社側にとって高いハードルとなっていた。ただし，こうした慣行は必ずしも社員・従業員側に有利に働くばかりではない。それを逆手にとって，会社に居づらくすることで離職に追い込んだり，また**早期退職制度**を悪用する事例も散見される。そのためになお，労働者の保護法制は重要である。

(1)　人員削減の正当な必要性

(2)　配置転換などの解雇回避の努力

(3)　解雇対象者選定の合理性

(4)　労働組合との協議を含む手続き的妥当性

　さらに，こうした雇用慣行と労働法制は，窓際族とも称される会社内の労働死蔵の状況を生み出してしまった。以前のように，大企業中心の企業グループや系列グループが存在する場合には，子会社・孫会社への出向や転籍によって，正社員を処遇し雇用関係を維持することは可能であった。また景気の変動に応じた雇用量の調整をパート・アルバイトによって行い，雇用の調整弁として女性を中心とした短時間労働者を不利にしてきた面もある。目に見えない会社内での失業者が存在し失業率を抑制してきた状況もある。一方で，転職・離職を過度に抑制してきた結果，もしくは企業組織内部での人材育成の専有の影響によって，容易に転職できず労働市場が硬直化している側面もある。

　現在はこうした系列やグループによる株式持合いも崩れ，会社がすべての正社員を対象に雇用関係を長期継続することも難しくなっている。そのために，失業率も潜在的に増加する危険性がある。また労働市場が流動化するとともに短期失業者も増える可能性がある。不景気の時は失業者が街に増え，街の景色が一変するといわれる欧米のような状況が出現しかねない。

　併せて，IT技術の進展やIoT（Internet of Things）の浸透に加えてAIが登場することで，社員・従業員が人工知能に代替される可能性があるなど労働技術進歩も急速である。技術進歩のスピードが速いために，会社内の人材育成が外注化される傾向にある。コロナ禍の影響もあり在宅でのリモート勤務やオンライン会議も頻繁化してきたものの，業務の効率化には施設面と教育面での工夫が必要とされている。デジタルデバイドで振るい落とされる社員・従業員も出現している。こうした状況下では転職市場を効率的なものとするために会社側の求人条件と求職者の希望との乖離を埋めるなど，再就職支援事業を始めとした地方自治体やハローワークの役割が従来にも増して重要になる。

3　雇用保険の給付内容とその役割

　戦前から引き継がれていた**失業保険法**は，1975年4月から**雇用保険法**に改められた。これに基づく雇用保険は，労働者が失業状態になった場合に，生活費を保障して保護する役割がある（石田・山本，221-222頁）。その受給条件は，雇用保険の適用を受けている事業所に勤務し，原則1年以上（倒産・解雇や雇止めの場合には半年以上）雇用保険に加入して保険料を支払っていることであり，併せて**職業安定所（ハローワーク）**に登録するなど働く意欲があって職探しをしていることである。ハローワークからは失業認定申告書を受けることになる。なお，雇用保険の受給資格期間は2010年4月以降ひと月に短縮され，さらに適用拡大がなされた。給付内容については，求職者給付の中の基本手当が中心である。その給付日数は雇用保険の加入期間（被保険者期間），年齢および離職事由によって決まり，年齢が高くなるほど職探しが困難になるので給付日数は伸びる。自己都合のケースでは事前に転職を準備することもできるので，給付日数は短くなっている。

　雇用保険における予防措置として，失業状態を生じさせないことや失業リスクを軽減するために早期の職場復帰を目指す機能もある。それは，雇用安定事業，能力開発事業，そして雇用福祉事業の三事業であった。雇用安定事業は雇用維持だけでなく，地域や産業間での不均衡を是正して雇用全体を安定的に確保する目的を有する。不況などの事態に陥った際にも雇用を継続する事業主・経営者に雇用調整助成金を支給するものである。主に社員・従業員の一時休業を許容するといった雇用調整のために活用される（石田・山本，225-226頁）。能力開発事業は文字通り，全国で展開される公共職業訓練により社員・従業員の能力を開発し，その雇われる力を高めるために実施される。最後の雇用福祉事業は旧雇用促進事業団が高齢者や障がい者を対象に文化・体育施設を全国的に整備したものであるが，財政難もあり2007年法改正で廃止されている（土田，105頁）。そのため現在は雇用保険二事業と称される。なお，1979年にはこれら

に加えて雇用開発事業が追加され，中高年者を対象として，技術革新に対応した技能・技術を付与することを目指した。社員・従業員の能力開発や新技術取得に会社側が一定の役割を果たすべきとの考え方が根底にある。以上の内容を，財源負担のあり方とともに次表にまとめている（図表5－1を参照のこと）。併せて，2003年に大きな改定が実施されており，それに伴う給付日数や給付金額について整理している（図表5－2，図表5－3を参照のこと）。

図表5－1　雇用保険の種別とその給付内容

雇用保険の種別	給付内容	財源負担
失業等給付	求職者給付＝失業給付（基本・傷病手当） 就職促進給付（再就職手当等） 教育訓練給付（教育訓練費用の8割相当額） 雇用継続給付（従前賃金の25%）	財源の1／4は税金 3／4を労使折半 総賃金の1.0% （財源負担は景気変動の影響を受ける。2000年当初は1.2%から1.6%に上昇していた）
2事業	雇用安定事業（雇用調整助成金や特定求職者雇用開発助成金等） 能力開発事業（施設運営費等）	全額事業主負担 総賃金の0.35%

（出所）　筆者作成。

図表5－2　基本手当の給付日数：自己都合とそれ以外の事由

加入期間 年齢区分	1年未満	1年以上 5年未満	5年以上 10年未満	10年以上 20年未満	20年以上
全年齢（自己都合）	90	90	90	120	150
30歳未満	90	90	120	180	—
30歳以上 35歳未満	90	90	180	210	240
35歳以上 45歳未満	90	90	180	240	270
45歳以上 60歳未満	90	180	240	270	330
60歳以上 65歳未満	90	150	180	210	240

（出所）　日本経済新聞社，2002（平成14）年10月11日より転載。

図表5－3　失業等給付の見直し内容（2003年5月1日から）

年齢区分　　賃金，給付	離職前賃金 （万円）	従来の給付月額 （万円）	改正後の給付月額 （万円）（減少率％）
29歳まで	29.1	17.9	17.3（3.6）
30歳から44歳	39.0	23.4	19.5（16.7）
45歳から59歳	48.9	29.3	21.9（25.3）
60歳から64歳	55.3	27.6	21.0（23.8）

（出所）　図表5－2に同じ。

　失業時や自己都合による転職時であっても，就労時給料の一定割合が給付されることは生計を営んでいくうえで不可欠である。苦境にある時の公的な給付は大変な有難みがある。加えて，ある程度の生活水準が維持されれば，慌てずに腰を据えて職探しができる。慌てて職探ししてブラック企業につかまってしまっては，意に染まない職業生活を過ごし，かつ再度離職する危険性も高まる。これでは働く気力も失せてしまう。失業期間中にもある程度の生活を営むことができるからこそ，適職探しができるのである。これにより求職者の交渉上の地歩を高め，就職に際して労働者側を有利にすることができる。これは雇用保険の**マッチング機能**とも呼ばれる。

　反面，こうした公的な保障があると，求職活動で新たな職を見つけると失業給付がもらえなくなるので職探しをしない，もしくは魅力的でない求人は断り続けるかもしれない。そのことがかえって，惰性に流れてしまって勤労意欲を削ぐことにもなりかねない。事実，失業中に雇用保険から給付を受けていると，就職するのが期限の切れるギリギリのことが多くなる。さらに，事業主も雇用保険があることで雇用の継続性を軽視する風潮も生まれてしまう。これでは，失業が増大したり，その期間が長期化することになるので本末転倒である。雇用保険の失業等給付の存在が失業を助長してしまうのである。これは雇用保険の**モラル・ハザード**と呼ばれ大きな課題である。

　それでは，労使にとって雇用保険の失業等給付をどのように制度設計したら良いのだろうか。既に1984年改正において雇用保険の受給者増とは裏腹に，そ

の就職率が低下傾向にあることが問題視されていた（石田・山本，227頁）。そこで，早期の就職を促すために**就職促進給付制度**が創設された。これは失業等給付の受給限度期間を残して就職した者への報奨金である。常勤の仕事の場合には再就職手当，それ以外では就業手当と呼ばれる（土田，101頁）。こうした趣旨から，その一時金支給額は基本手当の金額と支給残日数に50～60％を掛けた金額となる。この一時金を（再）就職の準備に活用できる。

　2003（平成15）年の改正以降，失業等給付（基本手当）の給付日数は正社員とパート社員で一本化された。従来は両者で異なっており，正社員に厚く，パート社員（非正規従業員）に薄く上限日数が定められていた。しかし非正規雇用の増大もあり，またこうした労働者の転職志向もあって，かえってその失業等給付を充実することが労働市場自体の適材適所の可能性を高めることになるからである。併せて，失業等給付（基本手当）の給付水準の下限を6割から5割に下げ上限額も抑えることで，高所得者層を中心に給付日額が1割以上も減少することとなった。それは低所得層に厚く給付することの裏返しでもあり，所得再分配の様相を強めながら失業等給付を適正化したことになる。

　雇用保険には個々の労働者ではなく経済社会全体に与える効果もある。それは雇用保険による景気の**自動安定化装置**と呼ばれている。経済が好況の時は失業率も低く，雇用保険の保険料を払う会社も社員・従業員も多いことになる。保険料は非消費支出と呼ばれ，この数値が大きいとそれだけ消費が抑制されて景気の熱が冷やされることになる。そのために雇用保険が存在していることで，景気の過熱を抑制してインフレーションを防ぐことができる。景気が悪いときは全く逆で雇用保険財政の収入は減るものの，非消費支出が減ることで家計や個人の消費水準を高めることができる。それによって景気の下支えをして，かつ景気を押し上げる効果がある。雇用保険の存在によって景気を回復することができるのである。雇用保険にはこうしたマクロ的な機能（**景気の自動安定化装置**）も認められている。

4　雇用環境の変化と雇用保険の新たな課題

(1)　非正規雇用の増大に伴う役割変化

1998年の第6次雇用基本対策計画において，パートタイム労働者の雇用安定や労働条件整備が打ち出され，短時間労働者被保険者の資格が新設された。その要件は，1週間の所定労働時間（20時間以上30時間未満）と1年以上の雇用期間が見込めることなどであった。その後は，前述したように，給付内容についても正社員との一本化が図られた。

またリーマンショック発生直後の2008年10月以降，雇用調整が頻繁化し，期間従業員，派遣労働者，請負労働者などの非正規雇用者が解雇や雇止め，そして中途解除を受ける事態となった（石田・山本，231頁）。そこで政府は緊急的な時限措置として，契約の更新がないことにより離職した者についても，受給資格要件について解雇等の離職者と同等の扱いとし給付日数などを引き延ばした。併せて再就職手当の給付率を引き上げた。さらに，雇用保険の給付条件を満たさない者へも，実質的に返済を免除する生活資金を貸付けることで日常生活費を援助し，また「基金訓練」として公共職業訓練や民間専門学校を通じた再就職支援を実施した。

さらにその12月には，緊急人材育成支援事業が開始され求職者支援制度として定着した（土田，238頁）。雇用保険の受給期間が終了した者や，元来その適用を受けていない者に対しても，公的機関等での職業訓練受講を前提に生活費補助として月額10万円の手当が支給された。ただし，こうした職業訓練による技能取得や資格が活かされない場合も多いために，**技能検定制度やジョブカード制度**によってそれを裏付け就職に結び付ける支援も行われている。併せて，2012年の労働契約法の改正や2014年の労働者派遣法の改正も，派遣労働者の均等待遇とそのキャリアアップを事業主側に義務付けることで非正規雇用者の権利保護を目指している。

(2)　育児休業・介護休業給付と高年齢者給付の充実

　わが国では1980年代から，雇用保険内において勤労意欲が高い高齢者に報いる方途がとられていた。たとえば1984年の改正において，65歳以上の継続雇用者を一般の被保険者とは区別して**高年齢継続被保険者**とした。そのうえで，従来の失業等給付の基本手当に替えて一時金で高年齢者求職者給付金を支給することとした。これにより65歳以上失業者の就職活動を積極的に支援することとなった。またその10年後には，雇用保険の保険事故を失業状態だけでなく，雇用継続が困難な事由の発生や，雇用継続時に給料が下がることを含めて捉え直して，**高年齢者雇用継続給付**を創設した（石田・山本，229-230頁）。対象は60歳以上65歳未満で継続雇用されている高齢者であり，60歳時点に比べて給料が下がる場合にその差額分を**高年齢者雇用継続給付**として支払うものである。具体的には，75％以上低下した場合に，最高でその15％が給付されることになる（土田，103頁）。

　一方，女性労働者の職場環境整備も当時から大きな課題となっていた。そこで，1991年に育児休業等に関する法律が施行されることとなった。さらに1994年には育児休業給付が創設され，育児や介護をしながら働ける環境が整備された。これは育児休業によって従前の給料が得られないことを保険事故と捉え，減少分の一定割合を保障することを目指した。創設当初は養育する子どもが1歳に達するまで，従前6ヵ月の平均給料の25％に相当する給付額であった。その後，1998年には育児休業給付制度と同水準の介護休業給付制度が創設され，2000年には両制度の給付水準が25％から40％に引き上げられた。2014年改正以降，育児休業給付については67％まで引き上げられている。併せて，育児休業中は健康保険と厚生年金の保険料も免除されている（土田，104頁）。

(3)　ニューノーマルへの対応

　2020年には新型コロナウィルスが国民生活にも会社経営にも大きな影響を及ぼした。当時のふたつの調査，東京商工リサーチと帝国データバンクからその影響の大きさを窺い知ることができる。2020年7月時点で上場企業のうち約25％が業績を下方修正し，売上高の消失は総額で6兆6,500億円程度，利益の

消失も4兆円を超える規模となった。2020年3月期決算では約6割の会社が減益となり，コロナ禍の影響が不明確な中，次年度の業績予測を未定とする会社割合も同じく6割に上った。新しい生活様式が定着する中で，会社経営のニューノーマルへの対応が喫緊の課題となっている。

　コロナ禍の状況については　進　退の状況が続いており，政府も倒産防止や解雇を抑制するために**特別定額給付金**や**持続化給付金**など支援を強化している。9割近くの業種でマイナスの影響が出ており，政府系金融機関からの特別融資枠や雇用調整助成金の活用など，政府による支援を頼みにする会社も増えている。影響は雇用にも及んでおり，小売業や旅行・交通関連事業をはじめとして早期・希望退職や雇止めも急激に増加している。

　コロナ禍によって転職支援などの職業訓練の重要性も高まっている。また会社ぐるみの業容変更などの必要もあるかもしれない。2008年から5年間の時限措置とされた中長期的なキャリア形成を目的とした**教育訓練給付金**を復活させるなどして，職業訓練中の生活費保障を充実することも課題となる。

　反面，テレワークや勤務交代制の徹底などにより効率性が高まったとする会社もある。ただ出席するだけの会議や打合せではなく，遠隔会議に対する事前準備により会議時間の短縮や手順の簡略化や簡素化が進んだことも大きい。もちろん対面営業や対面でのサービス提供ができないことは売上の量的拡大にはつながらない。ただ消費者や顧客と複数チャネルでつながることも増えており，製品評価のフィードバックも含めてサービス品質を向上する契機になる。また在宅勤務の評価が課題であったものの，緊急事態下で断行したことが社員・従業員を職務に基づいて評価することにもつながってきた。

　ITシステムや情報セキュリティへの投資が，商品面や販売手法面の新たな開発につながることも多い。本来在宅勤務が望ましい育児・介護従事者にとって，一時的にはストレスを抱えることも多いが，仕事の仕切りや割り振りによって在宅のまま仕事を継続できれば，ワークとライフのバランスを確保することができる。そこで，雇用保険が在宅勤務で必要な情報システム関連の講習会開催や社員・従業員の参加を積極的に支援する必要がある。それは働き方改

革を後押しすることで，サービス産業を中心とした労働生産性の向上にも寄与
することになる。

第6章 社会保険と企業年金・団体保険

1 社会保険を補う企業年金・団体保険の役割

　人生100年時代を迎える中で，定年退職後を意識した事前の家計管理と老後における家計管理の双方が重要になってくる。老後所得保障の中核は公的年金であることは間違いないが，わが国の特徴として就労時の働き方や収入状況によって給付水準がかなり異なることが挙げられる。つまり，働いているときの家計状態の相違がそのまま老後に持ち越されるわけである。一方で少子高齢化の影響，つまり平均寿命の延びと労働力人口の減少を受けることで，定年退職時点で決められる年金給付額は徐々に低下していくことになる。長生きになっても終身保障してくれる有難さはあるものの，給付額自体は徐々に下がっていくためにそれを補う必要もある。

　わが国では，高齢者の勤労意欲が高いことはよく知られている。それは公的年金の給付水準が高まった現在も変わらない。欧州諸国では，一定程度の公的年金を受給できるのであれば，早期に引退したいと考える労働者も多い。わが国では高齢者が働ける環境を整備すれば，自身の老後の貯えや資産形成にも役立つことになる。65歳時点でも多くの高齢者が貯蓄を取り崩さずに，かえってそれを積み増していることが指摘されている。もちろん高齢期には資産格差が広がっていくものの，多くの高齢者が公的年金に加えて自助努力に勤しんでいることになる。公的年金を補う資産として，企業年金などの退職給付，個人年金そして各種の貯蓄・投資商品がある。併せて，政府が税制優遇の仕組みを設けて老後資産形成を支援するものもある。現在では，様々な手段によって主な収入源である公的年金を補うことができるのであり，そのためにも若年時から計画を立てて準備することが望まれる。

　ここで年金制度を例に取って，両者の関係性を整理しておきたい。公的年金

と私的年金（企業年金・個人年金保険）の老後所得保障に果たす役割に着目すると，両者は補完的な関係が強くなる。それは企業年金や個人年金（保険）の「つなぎ機能」や「上乗せ機能」に端的に表れる。平均寿命が伸長しており，60歳代については高齢者が継続して働ける環境を整備する方向にある。そのため，60歳代を通じて働きながら年金を受給することも多くなっている。しかしながら，雇用延長や再雇用制度の活用であっても，従前の年収額からの低下を免れることはできず，一方で生活費や交際費などの家計支出が大きく低下することはない。そこで，収入の低下を公的年金に加えて私的年金で補うことにその役割が期待される。この役割は，収入低下を補う保険機能にも例えられ**定期年金**や**確定年金**の金融商品がある。

　企業年金にも**確定給付型プラン（DBプラン）**と**確定拠出型プラン（DCプラン）**の大きく2種類がある。確定給付型プランでは，老後の年金給付額は一定の算定方式によって事前に決められている。多くの場合，社員・従業員の働いているときの給料と勤続年数に応じて算出される。年金給付額が決められたのちに，会社・事業主が支払う社員・従業員ごとの掛金が決められる。おおよその年金給付額が決められているために老後の生活設計が立てやすい。集められた掛金は事業主の責任で合同運用される。運用に失敗して損失が生じ，予定した年金給付が支払えない場合にも事業主の責任になり穴埋めする必要がある。ただ，中途で離職する場合には，給料も低く勤続年数も短いために老後の年金給付は低額になる。

　一方，確定拠出型プランでは，会社・事業主による掛金を先に決めてそれを個人別の口座に払い込み，社員・従業員が自らの責任で運用する。そのため，運用収益を得て掛金総額を増やすとそれだけ老後の年金給付額（一時金額）は多くなる。反面，運用に失敗するとその金額は過少になる。このように毎月・毎年決まった掛金が積み立てられる一方，年金給付額は運用成績によって変動してしまう。個人別に口座がありそこに掛金と運用収益が積立てられるので，それを転職時には持ち運ぶことができる。これを企業年金の携行性，ポータビリティと呼ぶ。

　最近では，両者の特徴を組み合わせたハイブリッドプランもある。とくに**キャッシュ・バランス・プラン（CBプラン）**は普及している。このプランでは，DCプランと同様に個人別の口座があり，そこに仮想的に資産が積み上がっていく。ただし，仮想の金利が事前に決められている。その金利（市場金利などに連動）を前提として年金給付額を予め決めるのでDBプランの要素があり，一定の金利を確保する運用責任は会社・事業主側にある。つまり，一定の運用利回りが確保できなければ追加拠出をすることで，年金給付額を保証することになる。

2　企業福祉の現状と課題

　企業福祉のうち，社員・従業員に対する金銭的報酬には，賃金・給料，賞与やボーナス以外に，繰延べ報酬である退職金や企業年金，そして団体生命保険や弔慰金・出産祝い金などがある。また現物給付・サービスとしては，社宅や保養所の提供，各種ローンの提供そして育児・介護の休業制度などがある。これらは公的年金や健康保険などの**法定福利厚生**と区別して，会社が任意に人事戦略として行う**法定外福利厚生**に区分される。

　従来の退職金や企業年金などの退職給付は長期勤続者を優遇し，社員・従業員の長期定着を促していた。企業年金については**確定給付型プラン**が中心であり，主要プランである最終給与比例方式ではとくに長期勤続者を厚く処遇してきた。最近の傾向では，退職金や企業年金の算定においてポイント制が採用され過度の優遇措置は改められている。また，**確定拠出年金（確定拠出型プラン）**では勤続年数に関する有利不利はなく，**年金携行性（ポータビリティ）**が高いので短期転職者でも損をすることはない。

　現状では，人件費のひとつである福利厚生費が高齢化現象により高止まりしている。退職給付費用の比率上昇は，法定福利厚生費である社会保険料の上昇に起因しており，この煽りを受けているのが法定外福利厚生費である。こうした中で，リクルート社などのいくつかの会社は，社宅や社員寮の閉鎖，社内預

金制度や利子補給の廃止など，法定外福利厚生の改革に先鞭をつけている。た
だこれだけでは**従業員福祉**の後退ととられかねないので，同時に各種の自己啓
発やキャリア形成への支援，育児・介護休業制度の充実によりバランスをとって
いる。こうした改革には，将来的に人件費の変動費化や選別化を図り，人件
費の重荷を避けようとする会社側の意図がある。経費削減により財務体力を強
化することは会社を取り巻く利害関係者にとってもプラスである。ただ人件費
を他の費用項目と同列に扱う発想では，会社にとって必要な長期的な特殊技
術・技能の蓄積や伝承が困難になり，将来的な人材育成や労働生産性にマイナ
スになってしまう。

　法定外福利厚生については，慶弔給付，団体保険・財産形成手段，社員食堂，
社宅・保養所等の提供あるいは補助といったことが主軸であった。現在は仕事
と生活の両立支援，自己啓発，労働時間・休暇制度の見直しを含む「働き方改
革」に係る施策などに多様化している。また，会社の社員規模や利用者の就業
形態に応じた給付や支援の選別化，大手企業を中心とするアウトソーシングや
カフェテリアプランなども流行になっている。福利厚生を充実させると，社員
のモチベーションアップや優秀な人材の定着など様々なメリットが期待できる。
福利厚生導入の効果を最大限に高めるには，トレンドとニーズを押さえた適切
な選別が大切になる。老後の生活設計を考えるうえでも企業福祉や福利厚生施
策は大事なので，社員・従業員もしっかり確認する必要がある。

3　企業年金の改革と自分年金の登場

(1)　企業年金のこれまでの改革

　企業年金には，**確定給付企業年金**，**厚生年金基金**，**確定拠出年金**の種類があ
る。2001年6月に「確定給付企業年金法」が制定され，2002年4月から実施さ
れている（田中・椋野，189−191頁，原，73−75頁）。文字通り確定給付型プラン
である確定給付企業年金は，規約型と基金型に大別できる。給付の構造や水準
に相違はないが，前者は労使で作る年金規約に基づいてその管理を外部の信託

銀行などに委託して，運用や給付を実施してもらう仕組みである。これに対して後者は，事業主自身が「企業年金基金」という組織を創って，専門の社員・従業員を派遣して管理・運用するものである。こうした組織を運営し，また専門人材の育成や研修ができるのは大企業なので，規模の大きい会社が企業年金基金を有することが多い。

　確定給付企業年金の対象者は，原則として社員・従業員中の厚生年金の被保険者全員であるが，年金規約によって資格を定めることもできる（原，75-76頁）。たとえば，「一定の職種」に限定することや，勤続年数や年齢で区別することもできる。ただし過度に差別的にならないように，たとえば勤続年数要件については5年を超えて定めることができないようになっている。事業主の拠出については年1回以上で，かつ定期的な掛金の拠出が必要となる。給付の内容については老齢給付金と脱退一時金が中心となるほか，規約で定めれば障害給付金や遺族給付金を支給することもできる（原，77-78頁）。老齢給付金については年金化するか一時金として受給するか，もしくは両者を老後生活に合わせて選択することもできる。年金化する場合には，終身年金か5年以上の有期年金で，保証期間（加入者の生死に関わらず必ず年金が支給される期間）を定めることはできても20年以内に限定されている。支給形態では年1回以上で定期的に支給する必要がある。

　こうした給付を裏付けるために，対象である加入者に対する**受託者責任**，つまり加入者のためだけに意思決定し行動する忠実義務や年金資産の分散投資義務が定められている。併せてその実効性を担保するために積立義務が課され，5年に一度，財政再計算をしてその財務健全性を確保しなければならない（原，78頁）。国はこうした規定を整備するとともに，税制上の優遇措置を設けることで普及を図っている。事業主掛金は全額損金算入され非課税で，加入者の掛金は生命保険料控除の対象となる。また老齢給付による年金は雑所得として公的年金等控除の対象となり実質的にほとんど課税されることはない。一時金を受取る場合にも退職所得控除により勤続年数に応じた優遇が受けられる。

　これに対して，厚生年金基金は同じ確定給付型プランであるために，その給

付形態や仕組みは基金型の確定給付企業年金と似ている。年金資産の管理・運用そして給付を実施するのは「厚生年金基金」という組織になる。ただし，厚生年金基金は公的年金との結び付きが強く，その上乗せの役割が重視されている。それが厚生年金の「代行部分」の存在である。厚生年金基金は公的年金のうち厚生年金の報酬比例部分の一部（代行部分）を受け入れて代行運用するとともに，企業独自の上乗せ部分（加算部分）を行うことで社員・従業員の老後保障を手厚くする。企業にとっても代行部分があることは，その部分（免除保険料）を国に納めることなく企業独自部分と合わせて運用できる利点がある。なお，厚生年金基金にも代行部分に薄く上乗せする代行型（合計で1.13倍）と，3.23倍までの上乗せ部分をもつ加算型があり，後者は上乗せ部分で自由に自社の退職給付を設計できるために大企業で普及していた。こうした大企業の単独設立以外でも，企業グループによる連合設立や同業種の中小企業が共同で運営する総合設立もある（原，66-69頁）。

　こうした公私連携の厚生年金基金であるが，2008年のリーマンショック以降，運用環境が悪化することで，積立資産が目減りしてしまい国から預かった代行部分の給付もできなくなる事態が発生した。これにより厚生年金の一部を受給者が受け取れない「代行割れ」が起こってしまった。そのために，大企業やそのグループでは，運用環境が一層悪化して代行割れ事態が発生する前に，代行部分を国に返上して（代行返上），代行部分がない確定給付企業年金に移行する基金が多かった。現在は資産不足で代行返上ができない総合設立の数基金しか存在せず，2014年4月1日以降は新規の設立も認められていない。

　従来から，企業年金連合会が**クリアリングハウス（清算機関）**として中途退職者（脱退者，通常10年未満）の資産移管を受けて老後に給付していたが，厚生年金基金が解散すると残余財産が残る場合があり，その資産も引き継いで通算企業年金として支給している。また，同連合会が実施する**共済事業**もあり，基金解散時に残余財産が保証限度を下回る場合には，その一定割合（3割程度）を補填して年金給付額を保証する仕組みもある。

⑵　iDeCoの登場

　ここでは，自分年金と称される**個人型確定拠出年金**（個人型DCプラン）および**企業型確定拠出年金**（企業型DCプラン）について説明する（原，82-85頁）。典型的なDCプランは2001年10月から導入された。加入者である従業員が毎月拠出する掛金額を決め，その積立金を加入者が自己責任で運用して運用収益を得て老後に掛金総額と併せて受給する仕組みである。そのため，受給金額は運用成績によって変動し，運用に失敗してその金額が減るのは加入者自身の責任になる。

　DCプラン導入の目的は労働の流動化への対応と中小企業への企業年金の普及にある（原，82頁）。厚生年金基金や確定給付企業年金は，別組織・別機関を設立して企業年金を運営するためその費用は多額に上る。また財務健全性を確認するための財政再計算にも人件費や外部委託費などが掛かるためにどうしても割高になってしまう。確定した年金給付を維持できなければ，追加拠出などの事後的な費用も発生してしまう。こうした財政負担に大企業は耐えることができても中小企業では難しい。事実，中小企業では企業年金ではなく，退職金・退職一時金や**中小企業退職金共済**（中退金）が中心である。しかしながら，公的年金が過少である中小企業の社員・従業員にこそ，企業年金の上乗せやつなぎの役割が必要になる。そこで，新規設立や運営費用が割安であるDCプランが導入されたのである。なお，中小企業ではその原資として退職金が活用されることが多い。

　併せて，中小企業だけでなく大企業の社員・従業員の離転職が増加し，また非正規雇用者を中心に職場を渡り歩く流動労働者層も増えてきた。DBプランの年金給付算定方式では算定基礎となる給料として最終賃金が用いられるケースも多く，中途転職者ではこの金額は低いために老後の年金額も過少になっていた。つまり，終身ないし長期雇用を前提としたDBプランでは短期転職者は不利になってしまう。これに対して，DCプランであれば個人口座に事業主による掛金と運用収益が積立てられるので，預貯金と同様に老後資産を蓄積していく感覚である。ただし，DCプランでも老後の資産形成が主な目的であるた

めに特別な理由がない限り中途の引出しはできない。それでも，短期転職者は
個人口座の資産をつぎの職場のDCプランや個人型確定拠出年金に移管するこ
とができるので長期勤続者に比べても不利にならない。

　企業型確定拠出年金に加入できるのは，原則として60歳未満の厚生年金保険
の被保険者であり，特別な規約によって60歳以上65歳未満の者も対象とできる。
また，不当に差別的でないことを条件に業種や年齢・勤続年数によって対象を
限定するケースもあり，パートタイマーなどの非正規雇用者を外すこともでき
る（原，82-85頁）。

　DCプランの普及促進を図る観点から，限度枠内で税制上の優遇措置が設け
られている。その限度枠は対象によって相違している。①他の企業年金に加入
せず，個人型プランの同時加入も制限される者：年額660,000円，月額55,000
円，②他の企業年金に加入しているが，個人型プランの同時加入は制限される
者：年額330,000円，月額27,500円，③他の企業年金に加入せず，個人型プラ
ンの同時加入は可能とされる者：年額420,000円，月額35,000円，④他の企業
年金に加入し，個人型プランの同時加入も可能とされる者：年額186,000円，
月額15,500円となっている。

　マッチング拠出は，事業主の拠出に加えて，加入者が自ら上乗せ拠出をする
ことである。それにより自覚をもって老後資金準備をする契機になる。ただし，
その金額は事業主分を超えることはできず，両者を合わせた金額を限度枠内に
収める必要がある。また，個人型確定拠出年金に未加入の社員・従業員にだけ
認められる。

　一方，個人型確定拠出年金は**iDeCo**の愛称で呼ばれており，国民年金基金
連合会が運営する任意加入の仕組みである。2004年に導入されて以降，加入者
は伸び悩んでいたものの，2017年1月から自営業者（第1号被保険者）と民間の
被用者（厚生年金加入の被保険者・第2号被保険者）に加えて，公務員と専業主婦
にも加入が認められたことから，急速に加入者が増加し約200万人にのぼって
いる（2020年3月末）。その掛金については，本人名義の預金口座から国民年金
基金連合会に支払うことが一般的であるが，被用者の場合には勤務先から払い

込むこともできる（原，86－91頁）。

　企業型と同様に，税制優遇の枠である拠出限度額が加入者種別ごとに決められている。①自営業者（第1号被保険者）：年額816,000円，月額68,000円（ただし国民年金基金との合算，国民年金基金は自営業者や士業者が地域や職域で任意設立する仕組み），②第2号被保険者のうち他の企業年金に加入していない者：年額276,000円，月額23,000円，③第2号被保険者のうち確定給付型企業年金のみに加入している者：年額144,000円，月額12,000円，④第2号被保険者のうち企業型確定拠出年金のみに加入している者：年額240,000円，月額20,000円，⑤第2号被保険者のうち確定給付型企業年金と企業型確定拠出年金の双方に加入している者と公務員：年額144,000円，月額12,000円，⑥専業主婦：年額276,000円，月額23,000円となっている。

　その給付の内容には，老齢給付金，障害給付金，そして死亡一時金がある。老齢給付金は60歳から70歳までで受給開始時期を自由に選択できる。受取り時には年金か一時金かを選択することになるが，両方を組み合わせることも，運用商品として終身年金を選択することもできる。なお，原則60歳からの受給となるものの，通算加入期間が3年以下である場合や個人の管理資産が25万円以下であると脱退一時金として60歳以前でも受け取ることができる。

　税制上の取扱いは，事業主の拠出分は損金算入ができ法人税は課されない。また，加入者の拠出分は**小規模企業共済等掛金控除**という種類の所得控除を受けることができ，個人の所得税はその分だけ安くなる。受給の段階で年金として受け取るのであれば，公的年金等控除の適用を受け，ほとんど税金（所得税）はかからない。一時金として受け取る場合には退職所得控除の適用を受け，勤続年数が長いほど税金は安くなる仕組みとなっている。

(3)　企業年金の今後

　さて国が税制優遇の仕組みを設けている場合，企業年金加入に偏りがあり，普遍的でないことは経済的公平に問題が生じる。事実，導入率が低い中小企業の社員・従業員の加入率は低位のままである。そこで2016年に「確定拠出年金法等の一部を改正する法律」が制定され，いくつかの改善策が2018年5月から

実施されている（原，101−104頁）。そのひとつが**簡易型DC制度**であり，その導入手続きは簡素化され，また社員・従業員による運用商品の選択肢を制限することで運営費用も割安なものとしている。

　併せて**中小事業主掛金納付制度**（通称iDeCoプラス）が導入された。対象は従業員数が100人以下で企業年金を未導入の企業である。その社員・従業員が個人型確定拠出年金に加入している場合に，労使の掛金の合計額が拠出限度枠内であることを条件として，加入者の掛金に上乗せして事業主が拠出できる仕組みである。中小企業の社員・従業員も労使合わせたトータルの掛金を自ら運用することができ，より多額の老後資金を準備することがかなう。

　企業型・個人型確定拠出年金では，加入者である社員・従業員が自ら運用商品を選択しなければならない。自らリスクを負って資産運用し，運用成果によって年金給付額が変動することになる。そのために会社・事業主は加入者が適正な資産運用や金融商品の選択ができる環境を作らなければならない。国もこうした環境づくりを後押しするために，加入当初とその後の投資教育を法令で努力義務として定めている。とくに投資教育の内容として，「確定拠出年金の仕組み」「老後生活設計の全体像の理解」「資産運用の基礎知識」「個別の金融商品のリスクとリターン」などを掲げ，個々の加入者の理解度に則した情報提供の工夫を促している。企業型確定拠出年金では事業主と運営管理機関との協力，個人型確定拠出年金では国民年金基金連合会と運営管理機関が協力して，こうした情報提供と投資教育を適切に実施することが求められている。

　このような環境のもとで，加入者である社員・従業員は運営主体が提供する株式，債券，投資信託などの中から自己責任において商品選択する。企業は3つ以上の運用商品を選択肢として提示する必要があり，そのなかの少なくともひとつは元本確保型の商品でなければならない。現在は2016年改正により，元本確保型商品の選定や提示の義務は明示されていないものの実態に変わりはない。なお，運用商品数が多いほど加入者が有効に選択出来ていない事実から，上限数は35商品に限定された。

　運用商品の選択に際しては企業年金の資産としての特性を踏まえ，老後まで

の長い視野を持った長期投資を心掛けることや，リスク特性が異なる金融商品への分散投資を促すなど，資産配分（アセット・アロケーション）の基礎的知識を教示することが望まれている。また自らの収入・資産状況，そして経済的ニーズに合わせた運用姿勢も必要になる。そのために資産運用や金融商品選択に不慣れな社員・従業員に対して投資教育を充実し，資産形成を促すことが新たな**従業員福祉**として重要になっている。人生100年時代を迎えて，また公的年金の役割縮小に応じて，企業年金を普及させ自助努力による老後資金準備を実現することが大切になる。

第7章　パーソナル・ファイナンスの視点からの生活設計

1　生活設計の全体像

　人生100年時代に向けて，**ライフプランないしリタイヤメントプラン**の重要性が高まっている。それは長寿化に合わせて退職後期間も長期化し，その間の過ごし方が重要になり，また必要資金も増えるからである。公的年金のマクロ経済スライドの仕組みにより，長寿化や労働力人口の減少に合わせて年金給付額は削られることになる。これを補うためにもしっかりした老後資金計画が大事になってくる。また公的年金の減少を長く働くことで補うのであれば，その分，良好な健康を維持しなければならない。もちろん健康維持の効用は働くことだけでなく，良好な人間関係の維持にも，また社会貢献や地域貢献にも関わってくる。望ましい老後生活を送るために，理想的な生活像を描き，それに向けて家族をはじめとした人間関係を良好に保ち，老後資金準備と健康投資を怠ることはできない。生活設計論では，「人生の目標の明確化」「工程管理やプランの適切な更新」「目標やプロセスの可視化」「目標達成のうえでの困難や課題の発見」「課題克服のための迅速な行動」が必要とされている。

　家計の遣り繰りのなかで，支出の増加と収入の減少はともに家計にマイナスの影響を与える。家計管理の提要は，こうしたリスク要因に的確に備えることであり，その要因の洗出しが第一の作業である。

　支出の増加については，人生の3大資金といわれる住宅資金，教育資金，そして老後資金がある（原，114-126頁）。こうした資金の必要性はどのような個人・家計にも降りかかってくるものの，個人のニーズや嗜好に応じて必要金額は千差万別である。そもそも子どもがいなければ，子どもの教育資金は掛からない。子どもの学歴や学校歴によって掛かる費用も大きく異なる。幼児教育か

ら高等教育まで，すべての責任を親をはじめとした親族が負うわけでもなく，国や地方自治体が一部を費用負担することもある。事実，義務教育の費用は公的に負担されており，近時は高等教育までその授業料の一部は所得水準に応じて免除されている。また，親が教育ローンを利用することも，子ども自身が独立行政法人日本学生支援機構による低利の奨学金を活用することもできる。日本学生支援機構の融資には無利子の「第一種奨学金」と上限金利３％の「第二種奨学金」がある。2020年４月から条件は厳しいものの返済義務のない「給付型奨学金」と「授業料等免除制度」が始まっている（原，118頁）。加えて，大学のある地方自治体や所属する大学にも独自の奨学金制度があり，それを利用することもできる。それでもすべての教育費用でこれらの仕組みを当てにすることはできない。そこで，教育資金を創るための金融商品（**ジュニアNISA**など）や保険商品（**学資保険**など），会社の財形貯蓄そして各種のローンを利用することが現実的である。また教育ローンには，日本政策金融公庫が扱う学生一人当たり350万円までの公的ローンと民間金融機関が扱う教育ローンがある。それぞれ貸付条件が異なるためニーズに合わせた活用が原則になる（原，118頁）。

　つぎに住宅資金については，戸建てやマンションを所有するのか，賃貸するかによって必要額は違ってくる。またいずれの場合にも不動産業者や家主と契約を結ぶことになり，購入価格や賃料に応じた諸経費と手数料が発生する。またマンションの契約後は管理費，修繕積立金そして固定資産税などが掛かる。定期借地権などの条件が付いていると別途の費用が生じる場合もある。戸建てを購入すると固定資産税など税金がいる。いずれにしてもラーニングコストを要しており，契約前にこれらの費用も念頭に置いて資金計画を立てることになる。とくに住宅を所有するケースでは，頭金と住宅ローンの利用は必須になる。また，団体信用生命保険への加入も義務付けられ，火災保険料や信用保証料とともに団信の保険料も必要となってくる。

　さて，住宅取得資金，頭金の準備方法はいくつかある（原，123頁）。勤務先に財形貯蓄制度があれば元利合計で550万円まで利子等非課税になる**財形住宅貯蓄**が得である。そうでなければ，民間金融機関の**住宅積立定期預金**を利用す

ることはできるが利子等非課税の恩典はない。一方で，住宅本体の購入には，住宅金融公庫や年金福祉事業団による住宅資金融資などの住宅ローンを利用することになる。借入時の金利，返済期間によって毎月の返済金額が決まってくる。この毎月の返済金額が将来的にも家計を圧迫することがないように借入金額を決めること，つまり購入物件を決めることが重要になる。

　その返済方法には，将来的な返済額が減少していく元金均等返済方式（利子分だけ毎月の返済金額が減少するもの）と元利均等返済方式がある。また利子の支払い方に「変動金利」「固定金利」そして「固定金利選択型」がある。経済状況に合わせて金利の上昇局面では固定金利や固定金利選択型が，金利の低下しているときは変動金利を選択すると有利になる。なお，家計の状況次第では，余裕資金を活用して繰上げ返済して減債することや，金利の割安なローンに乗り換える借換えも有効になる。ただし後者については乗り換えの手数料なども考慮しなければならない（原，125－126頁）。

　一方，住宅取得後に家計負担を軽くする優遇措置もある。これが住宅借入金等特別控除（通称　住宅ローン控除）である。新築・中古の住宅取得に加えて，中古住宅や中古マンションの増改築に掛かる10年以上のローンであれば，年収に応じた所得税の返還（税額控除）が受けられる。

　なお，土地・家屋の実物資産の保有は，**リバース・モーゲージ**により老後資金の準備にもなる。リバース・モーゲージは自宅に住み続けながら，それを担保に取引先の金融機関から，年金代わりの一定金額を毎月受け取れる仕組みである。ただし死亡した場合には担保である自宅は金融機関に回収され，子孫に引き継ぐことはできなくなる。また一般社団法人移住・住みかえ支援機構が提供する「マイホーム借上げ制度」もある。自宅を終身で借り上げてもらい，家賃収入を年金として受け取ることができる。自身で貸すよりも管理の手間などが少なく，最初の入居者が退去した後は入居者の有無に関わらず契約通り家賃収入が保証されるメリットがある。その利用によって購入した自宅に縛られることなく，世帯構成の変化や嗜好の変化に合わせて住替えできる。もちろん，老後になったら居住費・住宅費のダウンサイジングとして，本格的に住替えや

地方移住の方策もある。土地家屋の実物資産の保有は老後生活の保障になるが，反面，譲渡の折に税金などの費用もかさむ。

　さて，収入の減少については，世帯主の死亡，病気やケガ，失業や労働災害，地震・災害や盗難による被害，自動車事故による被害と賠償責任の発生など様々な事態が考えられる。これらは総じて生活上のリスクであり，自助努力で備えるだけでなく，一部は公的な年金保険，医療・介護保険，雇用保険で対処することもできる。こうした社会保険は，生活上のリスクを社会化することで，国民全体で将来に備えるものである。自助努力では，預貯金の他，各種の金融商品や保険商品がある。また，国による税制優遇のある資産形成手段も利用できる。社会保険にしても，強制的に徴収されるとはいえ，自ら保険料を支払い将来に備えていることになる。そのため，その仕組みを良く知って，上手く活用することが望ましい。社会保険は老後生活や通院・入院時の基礎的な生活保障となるので，その上乗せである自助努力と適切に組み合わせることができる。

2　家計の収支管理と資産運用

　家計の収支管理には，中長期的な計画と単年度や月毎の家計簿による管理の双方が大切である。現在の勤務先に勤続するとして，片働き世帯では世帯主，共働き世帯では夫婦両方の年収推移とその間の税金と社会保険料がわかれば，可処分所得額と消費可能額が計算できる。半強制的な貯蓄である勤務先の財形制度や民間の保険商品への支出もある程度予測できるので，それを差し引いた金額が裁量的に消費と貯蓄に回すことができる金額になる。

　一方，中長期的には自身ないし家族のライフイベントを予想することができるので，それに掛かる大まかな予算も計算できることになる。それには金額の大きい耐久消費財の購入，マイホームの購入，そして子どもの教育と結婚の費用などが含まれる。自身もしくは夫婦の価値観を反映して，こうした予算は大きく変化することになる。いずれにしても，ライフイベントに備えた資金準備がいるので，それを預貯金か金融・保険商品，ないしはローンによって賄うこ

とになる。預貯金や金融・保険商品は事前の資金準備であり，ローンでは割賦契約で借入金額を返済していくことになる。毎年（毎月）の積立金額と返済金額を一覧表としてまとめておくことで，長期的な家計収支の状況を理解することができる。

　預貯金や金融・保険商品には，事前に予期しえない緊急資金の側面もある。生活上の様々なリスクを予測しながら，数年先までのリスク発生によって掛かる費用を予備資金によって賄うことになる。会社の倒産や疾病による就労不能状態などの事態には，公的な社会保険によって対処できる部分もあり，それも加味して資金準備することが望ましい。実際にリスクが顕在化してしまうと，中長期の生活設計の見直しも必要となってくる。その見直しには，毎年（毎月）の家計簿が役立ってくる。事前には予期されなかった臨時の出費が継続することは家計の圧迫要因になる。そこで毎年（毎月）の消費支出を少しずつ切り詰めることで対処しなければならない。預貯金の取り崩しにも限界があり，家計の赤字状態を黒字に近づけていくことが生活立て直しに欠くことはできない。平常時の管理にもまして，ライフイベントの費用が予想外にかさむことや不測の事態発生による負担増に上手く対処することに家計簿の意義がある。

　さて人生も後半を迎えると，老後資金準備が最大の課題となってくる。人生100年時代の晩婚・晩産化傾向によって，教育費，老後資金，そして老親の介護費用に一度にみまわれることも懸念されている（野尻，109-111頁）。そこで，高齢期にも就労を継続して稼得収入を得て，資金を積み上げることもできる。所得が低い若年時やライフイベントのかさむ中高年時では，目先の生活が最優先になる。自身の人生の先が見え，また先を見通す余裕ができた50歳前後からは老後生活への準備が最大の課題となるであろう。資金準備のために，財形貯蓄・年金，個人年金保険，養老保険，そして**税制優遇付の年金プラン**を選択し，またそれを組み合わせることになる。

　その際にはまず，老後生活の基礎的な部分を賄う公的年金の給付額と，勤め先からの退職給付（退職一時金・企業年金など）を確認しそのうえで準備を進めることが望ましい。公的年金については加入している年金種別と具体的な受給

額を**ねんきん定期便**や**ねんきんネット**で調べることができる。各種の退職給付については，勤め先に確認してその仕組みや受給額を確認しなければならない。もちろん財形年金などの若年時からの積立資金もあり，また金融・保険商品を通じて形成した資産も活用可能である。稼得収入や公的年金により食費や通信費，交際費などの基礎的な費用を確保できるのであれば，他の資産や預貯金を計画的に取り崩すことで，それ以外の費用支出に対処できる。たとえば，老後のイベントや行事に充てる部分と，医療・介護費の自己負担部分のような緊急資金に充てる部分を上手く色分けすれば老後生活を充実させることができる。老後生活のために，将来的な収入と支出をある程度見通すことがリタイヤメントプランとして有益である。その流れは，「家計と保有資産の現状把握」→「老後生活の大まかな設計」→「支出の見直しと収入の上乗せの収支両面の対策」となる。老後生活の充実のためにも，各種の金融・保険商品や個人型確定拠出年金などの年金プランを上手く活用し，自らの運用能力によって資産を増やす工夫が重要性を増している（原，184頁）。

　ここで老後資産の運用について概観しておきたい。運用の対象となる株式や債券，そして投資信託などの金融商品は，そのリターンとリスクによって特徴づけられる。一般には元本確保型とみなされる預貯金や保険商品にも，インフレーションによる価値の目減りなどのリスクはある。資産運用においてリターン（収益性）とリスク（危険性＝資産価格の変動性）は相反する関係（トレード・オフ関係）になる（個別資産・金融商品の特徴と付随するリスクについては図表7－1を参照のこと）。併せて，その資産を緊急資金として活用するには，換金性・流動性が必要となってくる。こうして各資産・金融商品の収益性と安全性（危険性の裏面），そして換金性のバランスを取って運用することが大切になる。

　このバランスを取るために，投資理論である**ポートフォリオ理論**では，リターンとリスクの特性が異なる金融商品に分散して投資することで，最小のリスクで最大のリターンが得られるとしている。つまりひとつの金融商品に集中的に投資するのではなく，預貯金，内外の株式，内外の債券，投資信託，保険商品を少額ずつ保有することが安全に資産を増やすことになる。ただこれは老

後資金準備のように長期にわたる投資にいえることである。長期的な視野を持てば，短期的な値下がりや資産価値の下落は容認可能であり，また複数資産の中で資産価値の上下によって損失を相殺することもできる。このようにして，資産特性が異なる金融商品を複数保有することは，長期的にみればリスクを回避しながら一定のリターンを確保できるので，老後資金の積み増しにつながるのである。

図表7－1　個別金融資産のリスクとリターン（例示）

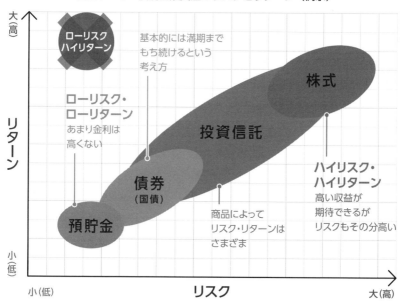

（出所）　https://www.jsda.or.jp/jikan/lesson 3/ より転載。

第3部

老後生活における健康と生き甲斐づくり

第8章　医療保険と医療費の家計負担

1　国民医療費の現状

　人生100年時代では，より自立して生活できる健康寿命が大切である。国・地方自治体の支援のもと，個人はそのための健康投資に勤しむことになる。それでも，多くの高齢者は生活習慣病や慢性疾患を抱え，医療費や介護費が家計の重荷になっている。また一国の国民医療費も高齢化率が上昇するに従い高まっていく。とくに，2025年はベビーブーム間に生まれた団塊の世代が75歳以上の後期高齢者になる年として注目されている。2025年には国民の3人に1人が65歳以上に，5人に1人が75歳以上になるのである（吉野，3頁）。患者調査（平成26年版）によると，全国の受診率（対人口10万人）は，全年齢平均で入院1,038人，外来5,696人である。このうち75歳以上の者についてみると，入院4,205人，外来11,906人と，入院で4倍，外来で2倍の高率となっている（吉野，6頁）。

　ケガや骨折などに起因する要介護の状態についても，その出現率は年齢に応じて急速に高まる。たとえば，介護保険において要介護認定を受けている者の人口に占める割合は，65から69歳で3％，70から74歳で6％，75から79歳で13％，80から84歳で28％，85から89歳で50％，90から94歳で70％，95歳以上で89％と，90歳までは認定を受けている割合が5年毎に倍増している。人口一人当たりの介護費も年齢階層が上がるとともに大きくなっており，65から69歳の3.5万円に比べ，75から79歳では約5倍の17.1万円，90歳以上では153.9万円と約44倍になっている（吉野，8-10頁）。

　ここで，医療費や介護費が家計に与える影響を確認しておこう。家計調査の「世帯主が75歳以上の二人以上無職世帯」をみると，実収入は20.1万円で，そのうちの9割が年金などの社会保障給付である。一方，税・社会保険料等の非

消費支出が2.4万円あり，可処分所得は17.6万円となっている。毎月の消費支出が21.5万円であることから，毎月3.9万円の不足が生じている（吉野，10-11頁）。消費支出の内訳では食費が29.9％と最大で，以下教養娯楽費9.8％，光熱・水道費及び交通・通信費がともに9.5％となっているが，保健医療費はこれらにつぐ6.4％である。食費は最低限の生活を維持するために必要とされており，光熱・水道費や交通・通信費も生活必需的なものである。保健医療費は予防医療によって抑制できる可能性があるものの高齢者世帯にとってはかなりの負担となっている。

　近年のわが国における医療費の増大には，人口高齢化に伴う有病率の上昇，とくに慢性疾患や生活習慣病を抱える高齢者が増加している背景がある（図表8-1）。複数疾患を抱える高齢者も増えている。医療費の抑制には，健康増進を目的とした予防医療の推進が不可欠になる。一方で，医療サービス側の要因も作用する。医療分野のイノベーションの進展により高額な新技術や検査機器，新薬が開発され医療現場に取り入れられると，その分，医療費は高額化す

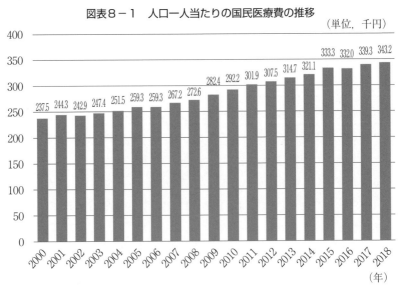

図表8-1　人口一人当たりの国民医療費の推移

（単位，千円）

（出所）　厚生労働省（2018）『国民医療費の概況』より筆者作成。

る。併せて，過剰な病床数，過剰検査・投薬などの医師誘発需要の可能性も捨てきれない。これらを上手く政策コントロールすることが必要になっている。

2　医療供給体制の現状と見直し

医療制度を考えるときに，医療サービスの供給体制と医療費の調達方法がポイントになる。わが国では医療保険によって資金を確保しているために，医療保険者を中心として医療制度が運営されている。

わが国の医療制度では運営者である保険者を中心に，医療機関と患者・保険加入者（被保険者）がトライアングルを描いている（図表8－2を参照のこと）。このトライアングルの中で，まず保険者は保険加入者が将来のケガや病気に備えて支払う医療保険料を徴収する。実際にケガや病気で病院・診療所に行き治療を受ける場合には，治療費の3割のみを病院・診療所の窓口で支払う（3割自己負担，ただし子どもと高齢者は原則2割）。残りの7割部分については，医療

図表8－2　医療保険における保険者の役割

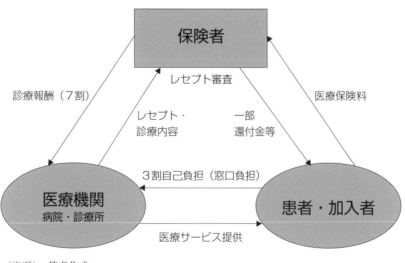

（出所）　筆者作成。

保険料を集積している保険者から病院・診療所に**診療報酬**の形で支払われる。その際には，病院・診療所から治療内容を示すレセプトが送られてくる。保険者はこのレセプトの内容が適正で不適切な医療費の請求が行われていないことを形式的に確認する。実際の審査は，サンプル調査の形で社会保険診療報酬支払基金と国民健康保険団体連合会が担当している。なお，医療保険ではひと月の支払いが多額になって家計を圧迫するのを防ぐために，高額な治療費の一部を保険者が払い戻している。こうした仕組みを**高額療養費制度**と呼んでいる。具体的には，ひと月の自己負担額が，所得水準に応じて段階的に約３万５千円，約８万円，約15万円を超えるとその差額分は償還される。併せて，傷病手当金，出産手当金，出産育児一時金，埋葬料などの金銭給付も行っている。

　このようにわが国では医療保険によって医療費が賄われている。医療保険は強制加入の制度で，普遍主義に基づく**国民皆保険**となっている。その中心的役割を果たす保険者は職域ごとに区分されている。大別すると自営業者と退職者中心の**地域保険**と，被用者とその家族を対象とする**職域保険（被用者保険）**がある。後者はさらに保険者によって区分される。大企業の保険者は健康保険組合，中小企業の保険者は国民健康保険組合（全国健康保険協会），公務員は共済組合である。一方の地域保険には，自営業者が中心の国民健康保険と75歳以上の後期高齢者グループである**後期高齢者医療制度**があり，運営主体はそれぞれ市区町村と市町村を跨った広域連合である。

　職域保険（被用者保険）の保険料は年収（総報酬）に一定割合を掛けて算出する。その金額は保険者毎の年間医療費に応じて変化するものの，2020年時点では平均約10％となっており，それを労使折半で負担している。一方，自営業者の保険料，すなわち国民健康保険の保険料は，収入と資産の一定割合（応能割）と定額部分を合わせて算出している。2020年時点では全国平均で年間約８万円であり，これも市区町村の医療費に応じて変化する。わが国では医療費の多くは医療保険料によって賄われているが，国民健康保険や後期高齢者医療制度の一部には公費も投入されており税金も組み合わされている。

　わが国の医療政策における基準について，つぎのような３つの評価軸がある。

(1)　医療サービスの品質保証と患者主権

(2)　医療費管理の適正性：国民医療費の対GDP比率，価格管理，医療インフ
　　　レの抑制，予防医療の実施

(3)　医療・医薬のイノベーションと競争の促進

　医療サービスの品質を管理することは，外食産業や健康産業とともに身体や
生命に直接かかわるだけに非常に重要である。また，患者と医師には病気や病
状に関する知識や情報の格差が大きく，他のサービス産業にもまして患者の納
得は大切である。近年では**インフォームド・コンセント**も浸透しており，また
治療に対する**セカンドオピニオン**を求めることもできる。これらは総じて医療
サービスの品質向上に寄与するものである。

　医療費の適正管理や医療行為の規制は医療・医薬のイノベーションとトレー
ド・オフ関係に立つこともある。元来，公共性・公益性が高い医療サービス市
場は国により管理された市場と呼ばれる。医療サービスの価格は診療報酬とし
て公定ないし法定価格となっている。そのため，新たな治療方法や新薬につい
てもそれを保険適用とするかどうか，保険適用の場合には価格をどのように設
定するかは国の審議会によって決められる。保険適用の認可（治験）に長時間
を要することは，医療・医薬イノベーションの阻害要因となることもある。最
近では，**混合診療（保険外併用療養費制度）**を広く活用して，こうしたイノベー
ションを促進する方向にある。従来は保険診療と保険外診療が混成すると，す
べて自己負担になっていた。そのために，医療行為の安全性が確認されていな
い**先進医療**を選択すると，高額の自己負担をしなければならなかった。そこで
保険外診療が一部に含まれていてもその部分だけを自己負担とし，それ以外に
ついては保険診療とすることで混合診療が導入されたのである。

　管理された市場が医療・医薬のイノベーションを抑制してしまうことは，
サービス適用の公平性や平等性が重視されるからである。一部の高所得階層の
みが，イノベーションの恩恵を偏って受けることには問題がある。加えて，イ
ノベーションの進捗度合いを管理するのは，医療費の高騰を抑え，医療保険料
の増加を防ぐ目的もある。同様にして，長寿社会にあっても医療費の高騰を防

ぐために，診療報酬の支払い方にも工夫がなされている。それが，出来高払い方式から包括払い方式への変更や，両者の混合方式を取り入れることである。両者を比較して説明すると，出来高払い方式は個々の診療行為や検査，処方薬などの費用を積み上げて医療機関への支払いを決めるやり方である。一方の包括払い方式では，長期入院のケースなどでひとつの病気による入院期間中の費用を予め決めて，その範囲内で支払うやり方である。通例では包括金額を決めるために，DRG（Diagnosis Related Group，国際疾病分類）などのいくつかの基準がある。なお，上限金額は便宜的に一日ないしはひと月単位で決められることが多い。こうした方式に変更することで，ないしは通院は出来高払い方式，入院加療については包括払い方式を適用することによって，高齢化が進行しても医療費を適正に管理することを目指している。

　高齢社会を迎えている現在でも，わが国は諸外国と比較すると上手く医療費を管理している。また，米国やドイツなどと比較するとイノベーションは進んでいないと指摘されるものの，乳幼児死亡率などいくつかの指標から，わが国の医療技術は世界のトップレベルにある。国民皆保険であるために，患者の視点からも公平・平等に，いつでも適切な医療サービスが受けられることは安心である。総じてわが国の医療制度に対する評価は高い。一方でいくつかの課題を抱えていることも事実である。とくに，今後さらに高齢化が進行していくので，国民医療費を適正な水準に抑えていくことが重要になる。

3　医療費高騰への対応策

　21世紀に入り高齢者同士の相互扶助を目的に後期高齢者医療制度が導入されたものの，多額の税金が投入され，また各制度の保険者から多額の支援金・分担金が徴収され若年者の実質的な負担は大きい。実際に，後期高齢者は1割の自己負担にすぎず，4割を被用者保険と国民健康保険から支援金として支払い，残りの5割を公費（税金・国庫負担4割，都道府県・市区町村の住民税から1割）で負担している。今後は後期高齢者の負担割合を高めていくことは避けられない

ものの，こうした負担増は高齢者世帯の家計を直撃し家計を圧迫することになる。医療費や介護費の負担によって家計が赤字になり生活苦に陥り，生活保護を受給することや多額の借金を抱える事態にもなりかねない。

　こうした事態を避けるためにも，医療サービス市場をより効率的なものとしなりればならない。ひとつには，**家庭医やかかりつけ医制度**を導入することで，医療機関の機能分化を図ることである。たとえば，病院と診療所，介護機能を担う老人病院と先端医療の大学病院・地域医療支援病院で，病院間の役割分担を明確化することである。高額な医療機器や検査機器を具備し高度な医療を提供する病院と，患者の身近な相談と問診を行うかかりつけの病院を区分して階層化するだけでも，無用な機器の使用を避け医療費を抑えることができる。

　加えて，医療保険の保険者の役割強化も大切である。それには，適正なレセプト審査や医療情報のより有効な活用，そして予防医療・介護の促進が挙げられる。実際に職域保険である会社内の健康保険組合や地域保険の各市区町村は様々な工夫を凝らしている。健康増進に努める高齢者を対象に，一定期間内に病院での受診がないことに対して，報奨金を付与することや医療費負担を割り引くことも行われている。市区町村では健康診断の受診機会を増やすために，また健康意識を高めるために様々な広報活動を展開している。民間の健康保険組合でも同様に，健康経営を標榜して社員・従業員の運動機会を設けることや健康増進活動への支援を強化している。こうした活動は保険者の収支を改善して医療保険料を抑制できるだけでなく，社員・従業員の心身の健康から生産性の向上にも結び付く。ただ，予防医療の成果が目に見える形になるのは，退職後に国民健康保険に移ってからのことが多い。職域保険と地域保険での医療情報が分断されている状況では，過去からの積み重なった成果がわからないことになる。そこで，個人情報保護にも最大限の注意を払いながらセクショナリズムの壁を取り払い，両者の医療情報を一元化することで予防医療をより一層促進することが望まれている。予防医療の促進は，国民医療費の削減や若年者の医療保険料の軽減だけでなく，国民の健康増進から会社経営にも地域社会にとっても有益な政策といえる。

第9章　地域高齢化と高齢者の介護保障

1　高齢者介護の現状と課題

　わが国では2025年に団塊世代の800万人が75歳の後期高齢者になる。後期高齢者は慢性疾患を抱えることも，ケガや病気から要介護状態になる危険性も高まる。急性期の病気治療とは異なり，疾患を抱え身体が不自由になりながら日常生活を過ごすことになる。しかも従来の皆婚社会とは異なり，生涯単身で過ごす高齢者や家族と離れて一人暮らしの高齢者も増えている。1980年には65歳以上の男女で一人暮らしの割合は，それぞれ4.3％と11.2％だったものが，2025年には14.6％と22.6％にまで急速に高まる。とくに今後は，人間関係の希薄な大都市部で一人暮らしの高齢者が増えていく。そこで，国・行政側も**地域包括ケア構想**（図表9－1を参照のこと）によって，一人暮らしの高齢者でも住み慣れた場所で安心して暮らしていける方策を立てている。なお，2000年に介護保険創設までの高齢者施策については図表9－2に整理している。

　ただ**地域包括ケア構想**の目標時期が近づいている現在でも，一人暮らしの高齢者の日常生活支援が十分に行き届いている状況にはない。2000年に介護保険制度が導入され介護の社会化が謳われ，介護労働への従事から女性や家族を開放することを目指したものの未だに家族介護が主流である。介護サービス市場に多くの事業者が進出し，競争しながらより良いサービスを提供することが目的とされたが，十分な利益を確保できないまま撤退する事業者が後を絶たない。結果的に現在でも，7割以上の要介護者が主に家族によって日常的な世話を受けている。介護は感情労働なので，家族によるきめ細かな介護が望ましい側面はあるものの，感情の縺れからかえって負担感が募ることもある。それが密室での虐待や放置につながることにもなる。こうした事態は，高齢者の孤独死・孤立死，そして**社会的排除**といった人間の尊厳にもかかわる問題を引き起こす。

図表9-1　地域包括ケア構想について

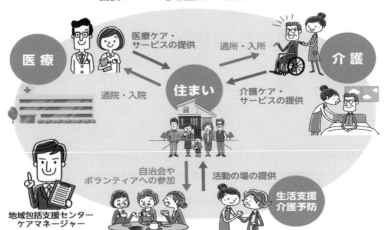

（出所）　厚生労働省HP（https://www.mhlw.go.jp/stf/seisakunitsuite/bunya/hukushi_
　　　　kaigo/kaigo_koureisha/chiiki-houkatsu/）から転載。

図表9-2　従来の高齢者施策の展開

年　　　代	高齢化率	主な政策	
1960年代 高齢者福祉政策の始まり	5.7% （1960）	1963年	老人福祉法制定 特別養護老人ホーム創設 老人家庭奉仕員（ホームヘルパー）制度化
1970年代 老人医療費の増大	7.1% （1970）	1973年	老人医療費無料化
1980年代 社会的入院や寝たきり老人の社会的問題	9.1% （1980）	1982年 1989年	老人保健法の制定 老人医療費の一定額負担の導入 ゴールドプラン（高齢者保健福祉推進十ヵ年戦略の策定） 施設緊急整備と在宅福祉の推進
1990年代 ゴールドプラン	12.0% （1990）	1994年	新ゴールドプラン（新・高齢者保健福祉推進十ヵ年戦略の策定） 在宅介護の充実
介護保険制度の導入準備	14.5% （1995）	1996年 1997年	連立与党3党政策合意 介護保険制度創設に関する「与党合意事項」 介護保険法成立
2000年代 介護保険制度の実施	17.3% （2000）	2000年 2005年	介護保険法実行 介護保険法の一部改正

（出所）　厚生労働省『厚生労働白書』各年度版から筆者作成。

他方で，遠距離介護や二重介護（複数の要介護者を看ること）から休職や離職を余儀なくされるケースも目立っている。労働力人口が減少していくので介護離職は社会的にも喫緊の課題である。**レスパイトケア**と呼ばれる介護者への支援，そして家族の実質的負担を軽減する仕組みが，いま求められている。

2　介護保険の内容と役割

　介護保険は2000年4月に導入された一番新しい社会保険である。他の社会保険と同様に強制加入の仕組みであり，要介護状態の認定を要件として様々な介護給付を行う。従来，要介護者に対する様々なサービスは市区町村が税金を活用して実施していた（**措置制度**）。そのために，要介護者（サービス利用者）とその家族の自己決定権はなく，市区町村が利用者の介護状態や家族の収入の状況を勘案して行政権限として，提供するサービス内容と特別養護老人ホームなどへの入所や施設利用を決めていた。

　介護保険の創設は，「措置」から「契約」への掛け声のもとで利用者やその家族の選択性を重視したのである。措置制度では利用者に対する**スティグマ**を拭うことはできず，またお役所ないし「お上」からの恩恵との認識もあった。それを介護保険に加入し自らが介護保険料を支払うことで，権利として介護サービスを受けることになった。また社会保険化することで，家族を介護労働への従事から解放し介護リスクを社会化する意図もある。社会保険であれば給付と負担の対応関係も明確にでき，追加財源の負担にも国民からの理解が得やすい。介護保険料のプール（資金集積）ができれば，民間の事業者も安心して介護サービス市場に参入できる。民間事業者の専門的サービスが，市場の競争を通じて提供されることで介護サービス品質の向上も期待された。

　ここで，介護保険の対象，保険料負担，そして給付内容を簡単にまとめておく。介護保険は地域保険に統一されており，その保険者は全国の市区町村である。介護保険の対象者（被保険者）は，第1号被保険者と第2号被保険者に分かれており，前者は65歳以上の高齢者であり，後者は40歳以上65歳未満の者で

ある。第1号被保険者は要介護状態になった場合に各種の介護給付を受けることができる。その保険料は，所得段階別の定額保険料となっている。具体的には，2012年度から14年度までは市区町村民税の課税状況に応じて6段階で決められ市区町村毎に算定されていた。2015年以降は，よりきめ細かく9段階になっている（石田・山本，208－209頁）。保険料は原則として特別徴収といって老齢年金等から天引きされる。

　介護保険事業計画は3年ごとに策定され，計画期間の3年間の第1号被保険者数，要介護（要支援）認定者数の推計，施設整備目標等をもとに介護保険サービス等の見込み量が推計され，保険給付費と地域支援事業（介護保険に付随する給付）に係る費用の見込み額が算出される。このうち1割の利用者自己負担部分を除いた金額を，公費・税金（50％）と保険料（50％）で半分ずつ負担している。さらに保険料部分は，第1号と第2号の人口比率によって分担しており現在は22％と28％である。第1号被保険者全体で負担する金額を第1号被保険者数で割って基準額を算出している。この基準額に，所得階層別の係数を掛けることで所得に応じた保険料が決まってくる。

　第2号被保険者の場合，脳血管疾患や初老期の認知症など老化による病気（16種類の特定疾病に限定）が原因の場合にのみ，要介護状態になったときに給付を受けることができる。その保険料は医療保険者ごとに設定されている介護保険料率で決まり，事業主と被保険者で半分ずつ負担する。つまり，介護保険料は医療保険の保険者がその保険料の中に含めて徴収することになる。具体的には，職域の健康保険組合が納める介護納付金を40歳以上65歳未満の被保険者本人の標準報酬総額で割って算出されることになる。ただし通例は，第1号被保険者の一人当たりの平均保険料と第2号被保険者の一人当たりの平均保険料はほぼ同じ額になるように設定している。

　さて介護保険は医療保険とは異なり，介護認定審査会による認定を受けて初めて現物給付やサービス給付を受けることができる（図表9－3）。まず居住している市区町村の窓口で要介護認定の申請をすると，**ケースワーカー**や保健師などの担当者が認定調査といわれる聞き取り調査を行う。併せて，市区町村か

図表9－3　介護サービスの利用の手続き

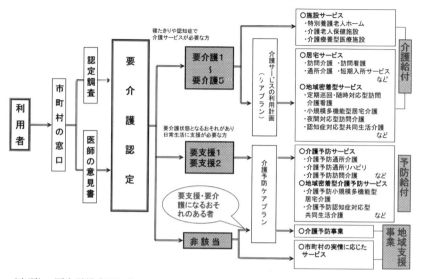

（出所）　厚生労働省HP（https://www.mhlw.go.jp/file/ 05-Shingikai- 11901000-Koyou
kintoujidoukateikyoku-Soumuka/ 0000067708.pdf）より転載。

らの依頼により主治医が心身の状況に関する意見書を作成する。認定に関する
調査項目をコンピュータに入力して得られた1次判定の結果と主治医の意見書
が介護認定審査会にかけられる。この審査会による審査結果（2次判定）によっ
て，介護サービス提供の有無を決定する。その際には，申請者である被保険者
の介護の状態が，要支援1，2と要介護1から5に区分される（石田・山本，
200-202頁）。審査結果が「要介護」ないし「要支援」であれば，毎月の給付限
度額の範囲内で介護給付と予防給付を受けることができる。なお，保険料や給
付に関して市区町村がとった処分に対して不服がある被保険者（利用者）は，
介護保険審査会に対して審査請求することができ，これにより要介護者や要支
援者の権利保護が図られている。
　介護給付の種別は，施設サービス，居宅サービス，地域密着型サービス，居
宅介護支援，そして介護予防支援に分けることができる。施設サービスは介護
のための専門施設に入所し，そこで各種のサービスを利用することである。施

設の区分としては，介護老人福祉施設（特別養護老人ホーム），介護老人保健施設，療養型医療施設がある。一方，居宅サービスについては訪問介護サービス（ホームヘルパーによる給食，入浴，排せつなどの支援等），訪問看護サービス（看護師・保健師による診療や生活指導等），訪問リハビリテーションや居宅療養管理指導などがある。それ以外にも，居宅を中心としながらも通所介護（通称デイサービスと呼ばれ日帰りの介護サービスや機能訓練等）や通所リハビリテーションが受けられる。福祉用具貸与や住宅改修費の給付などの居住系サービスも受けられる。加えて地域密着型サービスがあり，それは住み慣れた地域での多様かつ柔軟なサービスを含む。具体的には，夜間対応型訪問介護，24時間で緊急時にも対応した定期巡回・随時対応型訪問介護看護，訪問介護・デイサービスそして宿泊対応を組み合わせた小規模多機能型居宅介護，**認知症対応型共同生活介護（グループホーム）**への入所，そしてその通所版である認知症対応型通所介護などがある。

　こうした居宅介護支援サービスを受けるために，**ケアマネージャー（介護支援専門員）**が介護サービスメニューである**ケアプラン**を毎月作成する。それに基づいた適切なサービスが提供されるように，事業者や関係機関と連携を取ってサービス提供のスケジュールを決定することを**ケアマネジメント**という。居宅サービスないし地域密着型サービスについては，要介護度別にひと月当たりの利用可能なサービス量の上限（支給限度額）定められており，その範囲内での利用になる（なお物価水準を勘案して地区ごとに若干変動する）。ただし，市区町村は上乗せサービス（限度額を超えた部分で給付されるサービス）と横出しサービス（法に定めるサービス以外のサービス）を独自に条例で定めて提供することもできる。なお，予防給付の場合は要支援1と2の認定者を対象に地域包括支援センターの担当者が介護予防プランを作成し，要介護者に準じたサービスが受けられる。

　これらのサービスを提供する事業者は都道府県の指定を，地域密着型サービスの提供者は市区町村の指定を受ける必要がある。事業者は法人でなければならず，現状では**社会福祉法人**や医療法人中心であるものの，民間営利企業の参

入も認められている。事業者が支給限度額内でサービスを提供した場合，利用者負担1割を除いた9割分が介護報酬として支払われる。介護報酬の審査と支払い事務は市区町村から委託を受けた国民健康保険団体連合会が行っている。国民健康保険団体連合会は市区町村と諮って，事業者や施設によるサービス内容についての苦情や相談も受け付けている。

3　介護問題の解決に果たす地域社会の役割

　地域包括ケア構想は，住み慣れた日常生活圏域（中学校区が中心）において，居住の他，医療・介護，その予防，そして生活支援が一体的に提供されることを目指している。それにより生活習慣病や慢性疾患，そして身体に悪いところを抱えていても尊厳をもって自立した生活を送れるように支援する目的がある（石田・山本，211‐212頁）。とくに今後は，後期高齢者の急増で認知症患者の増大も予想されており，本人だけでなくその家族を地域で支えていくことが大切になる。そのために2015年4月からは，介護予防・日常生活支援総合事業が市区町村で展開されている。ただ，**ケアマネージャー（介護支援専門員）**や**介護福祉士**の不足から，この事業は必ずしも実効性が伴っていない。そこで市区町村は，地域福祉資源である各種のボランティア団体，NPO法人，協同組合組織そして民間企業と上手くタッグを組まなければならない。地域社会に根差した活動に従事する住民組織や団体との協力体制の構築が急がれている。

　わが国では高度経済成長期における急激な被用者化と都市化によって核家族化が進展し，大都市圏での家族規模が継続的に縮小している。こうした傾向に非婚化と高齢化が拍車を掛け，高齢単身者世帯が増加し地域社会における社会的孤立が問題となっている（図表9‐4）。反面，高齢化率が3割に近くなり，社会的移動の傾向はその速度を弱めつつある。また新型コロナウィルス流行以前にもあった「新しい働き方」つまり住職近接やテレワーク，テレオフィスを通じた在宅勤務もコロナ禍でさらに広がりをみせている。併せて，3密を回避できる地方への移住もひとつのトレンドとなっている。働く世代の地方回帰と

在宅での勤務は地域コミュニティとの関わりを強めることになる。

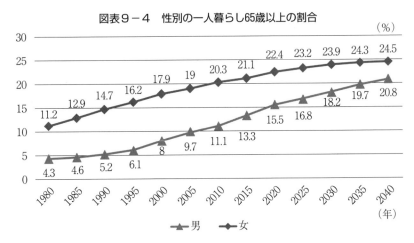

図表9－4　性別の一人暮らし65歳以上の割合

　ただこうした動向も，大都市圏での高齢単身者世帯の孤立を押し留めるには
至らない。そこで地域包括ケア構想の中で，地域社会の互助によって，要介
護・要支援状態にある単身高齢者の日常生活支援策を工夫する必要がある。予
防医療や予防介護による健康寿命の伸長は，高齢者同士の助け合いを現実的な
ものとすることで，地域社会の互助や紐帯の強化にも結び付くことになる。そ
こでこうした好循環を生むための仕組みとして，**時間貯蓄・時間交換制度**を取
り上げる。こうした仕組みにより，地域社会における互助や相互扶助を制度化
することは，地域包括ケア構築のカギにもなる。

　この仕組みは，NPO法人などの運営者や事務局を仲介として，サービスの
提供者がその提供時間分だけ将来サービスを受けられる単純な仕組みである。
地域社会における高齢者や子育て世帯に対するサービスを，お互いの同じ時間
分だけ交換することで住民参加型福祉の仕組みを醸成する。時間貯蓄の仕組み
では，運営者や事務局がサービスを求める人に適切な人を検索して派遣し，
サービスの提供者と受益者の取引を成立させることになる。時間というすべて

の人が等しく持っているものを基準に価値付けを行い，相互扶助の精神に基づいたコミュニティの再生を目指すことになる。

　歴史的な経緯からすると，1980年以降に地域社会における互助の仕組みを制度化する目的で，主に西日本を中心に展開された。その主体は，地域での相互扶助活動へ参加意欲を持つ，とくに子育てを終えた40～60歳の女性が中心であった。自らの介護経験等を生かして活躍するとともに，社会活動への参加を通じて知識や技能を高める学習の場でもあった。こうした仕組みが近年になって再注目されているのは，日常生活支援の交換が自分自身の自立的な生活を支え心身の健康状態が悪化するのを予防し，地域全体の介護量を減少させることにつながるからである。また，善意によるサービス提供の満足感と将来的な援助への安心感が得られ，助け合いを通じた地域の連帯感を醸成することになるからである。

　ただし，サービス内容に専門性が欠如することも多く，サービスの品質は均質的ではない。お互い様で我慢するところもあるかもしれない。また貯蓄時間分に見合うサービスが保証されない問題もあり，参加者の合意や運営上のルール・条件を明確にする必要がある。事務局に登録はしていてもサービス提供を受けるばかりで，自身の技能程度でサービス提供者となる機会が少ない者もでてくる。サービス需給の不均衡や受け手と提供者の偏りも生じやすい。さらに，多額の時間貯蓄をしていても，転居などのケースではサービスを使い切れない場合もある。この場合には，地域の事務局が連携して全国どこでも活用できることや，自身の家族にも権利を譲り渡すことなどが解決策となる。事実，NALC（ニッポン・アクティブライフ・クラブ）は全国規模で事業を展開しており，転勤時にポイントを持ち運ぶことができる。これにより，遠方にいる老親介護や日常生活支援を手助けできる。

　それでも，すべての地域にこうした仕組みが存在しているわけではないので，サービス需給のバランス確保は難しい。これらの困難な課題を，事務局と地域住民が連携して乗り切ることが時間貯蓄や地域通貨の発展には不可欠になる。本来であれば提供されるサービスの軽重の評価も大事である。こうした点につ

いて，サービス品質の保証や権利保護など行政支援も必要としている。いずれにせよ，住民の連帯感の向上，住民の主体性と参画性，そして官民のパートナーシープによって，主に介護や日常生活支援を必要としている高齢者に安心感を与え，社会的な孤立から脱却してもらうことが大切になる。福祉サービス提供の多元化と多様化の中で，利害関係者間で実状に則して課題を克服することにより，住民参加型福祉サービスを展開することが望まれている。

第10章　老後生活における社会貢献と
生き甲斐・幸福度

1　老後生活の幸福度の要因

　人生の究極の目標は何であろうか。仕事を通じた自己実現であったり，日々の生活が家族や友人に囲まれ安穏で充実したものであること，刺激に満ちた日々を過ごし常にチャレンジを続けることなど，人それぞれである。いずれにしても，こうした目標を実現するには将来を見通すことがいる。人生の目標では今だけでなく未来のことも視野に入るのであり，将来の不確実な事態に適切に対処することが大事になってくる。その意味で，現在と将来のバランスを上手にとって生涯を幸せに過ごすには，将来に備えた準備を欠くことはできない。新型コロナウィルスの蔓延など一年前に予測することはできない。巨大地震や大規模自然災害も然りである。恐ろしいことは，こうしたパンデミックな事態は会社，家族・家計そして個人をも対象として選別の役割を果たすことである。不確実な未来に絶望することなく，前向きに対処するためには日々の生活に加えて，そこからの「蓄積」によって「余裕」をもって対処することが望ましい。こうした「蓄積」の形成には，個人の努力（自助）に加えて，それを下支えする職場や周囲（隣人や友人）との関わり（互助）は欠かせないし，また国や地方自治体の役割（公助や共助）も大切になる。行政や政治の果たすべき役割には主義信条が関係してくるが，極端な無政府主義・自由放任主義でない限りは，基本的人権の保護やそれを実現する適正な方向への誘導は不可避であろう。

　そこで人々の「幸福感」を将来への備えと関連して考えてみたい。一般に，幸福度の決定要因は大きく，⑴「家族状況や持ち家率などの生活・家族関連」，⑵「失業率や労働時間・残業時間などの雇用関連」，⑶「犯罪率や交通事故率

のほか，貯蓄／負債比率などの安全・安心関連」，(4)「平均寿命・健康寿命や医療費の多寡，自殺率などの健康・福祉関連」に分けられる。

⑴　長寿化の現在，終の住処の確保は，老後の最大の安心材料につながる。政府も住宅取得に向けた住宅ローン減税など様々な支援策を講じている。わが家は生活の基盤だけでなく拠点ともなり，そこから親族や友人との行き来も始まる。一方で拠点を構えることで，近隣との関係の煩わしさやメンテナンスの必要性，転勤や転職などの人生の転機や亡くなった後の処分など，考慮すべきことも増えてくる。同様に家族生活の基本である婚姻についても，それが安心感や生活の安定につながる反面，良好な夫婦関係や親子・親族関係に腐心することなど不安材料も抱えることになる。老後生活に限定すれば，一昔前までは私的扶養で配偶者や子孫に依存していたものが，金銭面や介護サービス面を中心に政府・自治体の役割が大きくなっている。しかし介護サービスには感情労働の側面がありなお配偶者や親族への期待が高いことも事実であり，それが安心感にもつながってくる。私的扶養が社会保険を中心とした社会的扶養に置き換えられている現在でも，なお家族の相互扶助の役割は大きい。

⑵　働くことは老若男女を問わず生活の基本であり，また苦痛を伴いながらも生活の糧を得る手段である。職場環境や仕事内容は人々の幸福感に大いに関係する。順調な仕事人生とそれによる収入の安定が何よりも大事である。行政も働く人の権利を守るだけでなく，倒産や解雇に備えた雇用保険を通じてその安定的継続を手助けしている。現在は，会社のガバナンス構造が変化している途上であり，労使の関係性も変化の兆しを見せている。働く側の意識も，自己実現にあるのか，生活の糧を得るだけなのか，以前とは異なる側面もある。今後の長寿化にあってワークロングが推奨されるものの，高齢者の多様性を前提とすれば，一部で個人選択の自由を阻害することにもなる。多様な選択を可能とするために，政府による画一的な保障と私的な保障を上手く組み合わせなければならない。こうした選択の可能性を残すためにも，若い頃からの準備は欠かせないのである。

(3)　安全・安心関連の項目には，身体的な安全と経済生活上の安心が含まれる。前者については行政による公共政策が大きく関係してくる。犯罪率や交通事故率の低い地域は，平均的にみるとそれだけ地価も高くなり，また優良な住宅地区になる。そのため，収入や資産状況に応じてこうしたリスクを回避できる可能性は高くなる。また地域住民によるつながり（ソ シャル・キャピタル）が充実している地域や地区で，こうしたリスクが低くなることもわかっている。誰もが住みやすい安心な街づくりには，行政による誘導と地域社会での自生的な住民間の相互扶助や互助が関わることになる。一方，貯蓄／負債比率などの経済的指標も当然のことながら影響を及ぼす。とくに経済的な準備はまさに自助努力による生活上の余裕と関係してくる。ただ，個人の教育水準だけでなく所属する会社や組織，ないしは社会階層の影響もある。また，政府による金融教育の推進や税制優遇措置はその誘導要因になるのであり，自助のための基盤づくりが不可欠になる。

(4)　健康・福祉関連には自助努力の側面と社会経済的要因の双方が関わってくる。経済の不況や倒産の多発など経済状況の悪化は中高年自殺の最大の理由である。逆に好況時の過重労働や長時間労働も精神的ストレスの増加や過労死，過労自殺と深い関わりをもつ。もちろん職場，学校そして家庭での人間関係も大きく関連してくる。ストレス耐久性には個人差が大きく，一般論や精神論で片付けられる問題ではない。ただ，心身の健康を保つためにポジティブ・シンキングをもつべきことはストレス対処法として有益である。よく「心の準備体操」といわれるが，将来予測能力や不確実な事態に対処する力を涵養することは大事である。また「明日は明日の風が吹く」といった心の切替能力も効果的である。併せて，周囲へ助力を頼む力も心の負担軽減に役立ち，上手くストレスを解消することができる。こういった心情は努力して身に付けるものではないが，人生を送るうえで大切な知恵である。

2　高齢者の健康保持

　最新の内閣府調査から高齢者の主観的な健康状態をみると，健康状態が良いと答えた人は60〜69歳までが58％という割合に比べて，70歳以上では約半数とやや低くなり80歳以上では半数以下となる。逆に健康状態が良くないと答えた人は年齢層が上がるごとに増加しており，70歳以上では2〜3割の人が恒常的に健康状態は良くないと感じている。外出の頻度と関連付けると，健康状態が良いと感じる人の99％は外出している一方，健康状態が良くないと感じる人では77％に過ぎない。つまり健康状態が良くないと感じる人のうち，ほとんど外出をしない人が2割程度いることになる。また，主観的に健康状態が良いと感じる人で日常的にほとんど会話をしないという人はわずか1.1％だが，健康状態の良くないと感じる人ではその割合は13.1％と高い。同様に，健康状態が良いと感じる人で何らかの社会的な活動（主に自治会・町内会活動）に参加している人は36.8％であるのに対し，健康状態が良くないと感じる人は11.5％に過ぎない。このように，高齢者の健康状態は老後生活を大きく左右するものである。現在のコロナ禍は高齢者の健康に直接影響を与えるだけでなく，その社会活動を抑制することで，間接的にも心身の健康に悪影響を及ぼすことになる。

　厚生労働省は，2012年に国民の健康づくりの基本方針となる「健康日本21（第二次）」を発表している。高齢者の健康寿命を延ばすとともに，住んでいる地域や経済状況の違いによる「健康格差の縮小」を目標としている。この方針では，栄養，運動，休養面の「健康的な生活習慣の確立」を目指すことに加えて，地域性や年代などによって起こり得る「健康格差」是正に向けた社会環境の整備にも着目している。それは健康格差が高齢者の活動格差や生き甲斐の格差につながるからである。

　さて，個人の健康については自己責任が基本であり，個人の健康意識や食生活習慣に左右される。ただ幼少期の食生活や塩分の多い特定地域の食習慣なども一定の影響を及ぼす。雇用環境については特定の職業病以外にも長時間労働

や変則的な勤務体系は変調をきたす原因ともなる。また職場の人間関係はストレス要因となるが，前述したストレス耐久性を身に付けておくことは欠かせない。良好な家族関係，友人関係，そして近隣・地域とのつながりは，精神的な安定感や安心感をもたらし優良な健康保持に役立つ。高齢者となれば，地域や社会で必要とされていること，役に立っているとの意識は心身の健康を高めることになる。経済的な生活困窮や家族・友人関係の悪化に対して，ソーシャル・サポートが得られることも効果的である。

　健康の自助努力や自己責任の部分については，「栄養・食生活」「運動」「気の持ちよう」といった生活習慣で変えることができる。ただ学生時の運動部以外で，これらの知識を体系的に学ぶ機会は少ない。こうした機会を民間のNPO法人や病院・会社などと連携して，市民・地域住民に提供することは行政の大きな役割になりつつある。これを軸にして健康寿命を延伸させることは，個人生活や地域社会の諸活動などの生き甲斐づくりと，医療費の適正管理の双方に寄与することになる。

　高齢社会の到来とともに慢性疾患率は上昇傾向にある。高齢者の場合には一病息災といわれるものの，糖尿病やガンにつながる生活習慣病によって健康寿命は縮減することになる。そこでこれまで以上に，生活習慣病予防のための特定健康診査や特定保健指導などの保健事業が大切になる。生活習慣病が原因となる医療費が全体の8割近くを占めることから喫緊の課題である。従来から政府施策としての保健事業にはPA（Population Approach）とHA（High Risk Approach）がある。前者は家庭や地域への普遍的な介入政策であり，地域住民への啓蒙啓発的な色彩が強い。後者は選別的な個別的対策であり，予防と治療を一体化した保健活動である。従来は費用対効果が高いとみなされてきたものの，特定健康診査への受診率が伸び悩んでいる状況では，その向上のためのインセンティブ策を欠くことはできない。また自覚症状が希薄な生活習慣病対策としては限界もある。職域では上手く機能しているものの，地域社会では十分に浸透していない事情もある。そこで，普遍的な介入政策の実施も必要となるのである。

　ハイリスク・アプローチが画一的なものである限り，地域特性に根差した取組みが難しいことも事実である。健康寿命に都道府県格差が大きい状況では，その元凶を突き止めて地域毎の特性に応じた介入政策も有効とされる。その意味で地域住民の生活実態に基づく対応策が不可欠になり，欧米の地域福祉で推進される小地域主義が求められる所以である。行政が主導して，地域に根を張る会社やNPO法人の協力も得ながら，また保健師，民生委員や福祉委員などの専門職の力も借りて，地域住民と一体となって企画立案していくことが望ましい。こうした方策は地域医療計画の中に位置づけられ，地域特有の資源やリソースを加味して地域福祉政策として推進されるべきである。このような介入政策であるポピュレーション・アプローチの実施は，地域社会での認知症対策などにとくに有効とされている。

3　高齢者の社会貢献・地域貢献

　厚生労働省による「地域医療・介護総合確保推進法」では，2015年を目途に，各自治体に対して「介護予防・日常生活支援総合事業」の導入を促した。あくまでも自主事業であるものの，切れ目ない介護と介護予防，そのための生活支援ニーズへの対応を謳っている。介護保険本体の介護予防サービス等事業の枠外であることから，サービス内容もその利用料も弾力的に決めることができる。また，こうした施策は地域福祉のアウトリーチにもつながるのであり，そのニーズを各自治体が自ら推し量り需要者と供給者のマッチングを図ることになる。こうしたサービスの提供者として，既存の配食サービス事業者，NPO法人などの介護予防のための各種活動の実践者，そして見守りや生活支援をかって出る地域の協同組合組織などが幅広く対象となる。正に，健康増進や介護予防を軸とした地域マネジメントの発想であり，地域住民や地域に根差す組織・団体の参加型事業となっている。

　同様に，先の介護保険法の改正では，「在宅医療・介護連携の推進」「認知症施策の推進」「地域ケア会議の推進」「生活支援サービスの体制整備」の基本方

針が示され，これらも生活支援ニーズへのより的確な対応を促すことになる。とくに地域特性に着目して，多様なニーズに対して多様な主体がサービスを提供することを想定している。そのために，こうした体制確立を包括的支援事業に位置付け，**生活支援コーディネーター（ケースワーカー）**の配置方針を示した。つまり，限定された地域で限定された社会問題に精通し，様々な情報を保有している運営主体に対して，その情報を共有しながら協力して問題解決に当たることを指向しているわけである。同時に，ボランティアや相互扶助組織のメンバーがこうした協力体制の構築に主体的に参加することで，地域マネジメントにおける参画の実を挙げる狙いもある。

　さて，社会活動への参加のきっかけに関する調査（長寿科学振興財団調べ）によると，現在参加している人は，「友人や地域住民と一緒に参加できた（友人や地域住民から誘われた）」が最も多く（36.6%），ついで「自分がやりたいと思う活動があった」（24.5%），「参加する時間的な余裕ができた」（18.7%）となっている。また，逆に社会活動に参加していない理由をみると，「仕事が忙しく時間がないから」が最も多く（34.8%），ついで「自分や家族のことを優先したいから」（23.9%），「何かしたいが，何をしていいのかわからないから」（15.2%）の順となっている。こうしたことから，やりたい社会活動内容があり，一緒にやる友人がいれば社会活動の参加率はますます上昇すると考えられる。また家族で参加できる社会活動があれば，参加率を引き上げることに効果的である。

　生涯現役，働けるまで働きたいという高齢者が多い一方，仕事から離れ社会的役割を喪失してしまうと余暇を持て余す高齢者もいる。社会活動をすることは社会的役割の喪失感を埋めることにもつながる。自主的なグループ活動に参加している高齢者にとって活動全体を通じて良かったことは，「新しい友人を得ることができた」（48.8%）が最も多く，ついで「生活に充実感ができた」（46.0%），「健康や体力に自信がついた」（44.4%）の順となっている。社会とのつながりを持つことが億劫となり家に閉じこもりがちとなると，生活面での意欲まで低下する。そして，ドミノ倒しのようにフレイル（要介護や認知症の予

備段階）が進行，重症化してくことになる。社会活動への参加や地域貢献活動は，こうした進行を食い止めることで健康な地域づくりに寄与することになる。現在ではコロナ禍でもこうした活動を継続できるように，仮想的な遠隔参加が可能な活動形態を考案していく必要もある。

4　老後生活の充実と幸せのために

　内閣府が公表している「平成30年版高齢社会白書」によると，高齢者が生きがいを感じるときは，男女合わせた総数では「孫など家族との団らんの時」（48.8％）が最も多くなる。女性と男性を比較すると，女性は「孫など家族との団らんの時」（55.4％），「友人や知人と食事，雑談をしている時」（50.9％），「おいしい物を食べている時」（44.4％）に生きがいを感じている。一方，男性は「趣味やスポーツに熱中している時」（49.0％）が最も多く，ついで「孫など家族との団らんの時」（40.7％），「夫婦団らんの時」（38.1％），「旅行の時」（36.4％）に生きがいを感じている。そのため，男性は友人知人と過ごすよりも，自分の好きなことをしているか，もしくは家族と過ごすことに生きがいを感じている。夫婦で過ごす時間が生きがいと思う男性が多い一方で，妻である女性からみると少し状況は異なっている。男性では，この他にも「仕事をしている時」に生きがいを感じる，「社会奉仕や地域活動をしている時」，「勉強や教養に身を入れている時」に生きがいを感じている人が多い。こうした高齢男女の嗜好の相違にも着目した政策的な仕掛けが有効になる。

　加えて，価値観が多様化する現代の高齢社会においては社会活動や学習活動を通じて心の豊かさや残存能力の向上も求められており，それが生き甲斐や幸福感にもつながる。そのため，国・地方自治体は「社会参加・学習等分野に係る基本的施策」の中で対策を講じている。具体的には，地域において社会参加活動を総合的に実施している老人クラブに対し助成を行って振興を図ったり，シニア海外ボランティア事業に対し独立行政法人国際協力機構を通じた推進を行い高齢者による海外支援活動の促進を図っている。

　高齢者の諸活動を通じて健康寿命を延伸するには，家に閉じこもりがちな高齢者の外出を促す支援，会話の機会を設ける支援が必要となっている。会話の頻度では，一人暮らしの高齢者は会話する割合が極端に低く，こうした高齢者が会話の機会を持てるような地域の環境づくりも大切である。健康状態が良くない人でも仕事に面白みや生きがいを求めている人もいることから，その人の持っている知識や技術，能力を活かして，充実感や達成感，そして満足感が得られる環境を創出していくことも重要になる。その意味で，地域マネジメントにおいても，**ユニバーサル・デザイン**などの福祉街づくり的発想を要している。

　健康で仕事を継続する高齢者も年々増加傾向にある。これはワークロングの考え方に沿った動きである。能力のある高齢者が働くことのできる雇用環境整備とともに，退職した後も地域社会で仕事の経験を活かせる場を提供することも求められている。そのために，どのような活動や環境であれば高齢者の参加を見込めるのかを見極め，高齢者のニーズを的確に捉えた支援や対策が必要な時代となっている。高齢者自身も資金面だけでなく健康保持と人脈づくりなど，人生100年時代を見据えた老後生活準備が大事になる。

　人は自己実現のため，また一人で強く生き抜くために日々努力をしている一方，社会で生きていく以上は人との関わりは避けて通れない。コロナ禍で三密を避けソーシャルディスタンスを保ちながら与えられた仕事に勤しんでいる。その一方で，仕事上の調整や連携以上に，人々とのつながりを切望している側面もある。つまりコロナ禍はどう生きたいかの選別を迫っているところもある。こうした状況は，個人的には将来の生活設計を熟慮する契機となり，社会的には自助に公助・共助，そして互助をどう組み合わせていくのか，生活保障設計の再考を促す機会にもなっている。

用 語 解 説

国民負担率は，国民の所得税（直接税）と消費税（間接税）の合計（租税負担）の国民所得に対する割合である租税負担率と，社会保障負担の国民所得に対する割合である社会保障負担率を加えたものになる。より広義には，これに公社債残高（財政赤字）の割合を加えた数値になる。社会保障と租税の多くは，若年世代から高齢世代への移転所得になるために，高齢化に応じてこの負担率は高まる。

労働安全衛生法は1972年に成立した労働者の安全と衛生に関する基準を定めた法律である。労働基準法とともに，労働災害を防止し労働者の身体への危険状況を除くとともに，健康で快適な職場環境を促すものである。適正な職場環境を維持するだけでなく，事業主に対して健康診断を義務付け，また心身の健康を確保するために産業医の仕組みを導入し，保健指導のほかにも安全衛生教育の実施を求めている。

健康経営は，米国経営学者のR. H. ローゼン氏が1992年に出版したThe Healthy Companyで提唱した概念である。その著書の中で，社員・従業員の心身の健康を維持することが生産性の向上を通じて会社に様々な便益をもたらすことを示した。その後に続く実証分析でも，社員・従業員の健康への投資がいくつかのリターンをもたらすことが解明されている。それには，量的側面での業績や株価の上昇に加えて，活力があり，かつ創造的な社員・従業員集団を創出することも含まれる。わが国でも労働力人口の減少に伴う恒常的な人手不足を補うことと，人件費中の福利厚生費にあたる医療・介護保険料を適正に管理するために注目されている。具体的には，定期的な健康診断や保健指導によって食事をはじめとした健康な生活習慣をアドバイスすることや，勤務時間の適正化などによって社員・従業員の健康管理を徹底している。行政側でも国

民の健康寿命の延伸を目指した政策である「未来投資戦略2017」に基づき，経済産業省が健康経営銘柄（東京証券取引所と共同）を選定し，また健康経営優良法人認定制度も導入し個別の会社に働き掛けを強めている。現在の新型コロナウイルスの状況下では，在宅勤務やリモート会議に参加する社員・従業員に対する遠隔での健康管理が重視されている。運動不足や体重増へのアドバイスや，他者との対面接触が減ることによる孤独感・孤立感，ストレスを解消する方策が大事になっている。いずれにしても，社員・従業員の心身の健康状態を維持し，それを上手く管理する手法をPDCAサイクルとして回していく必要がある。こうした新たな福利厚生の仕組みが，優良な社員・従業員集団の形成と顧客に対するブランド力の源泉となる。

ワーク・ライフ・バランスは，直接的には仕事と生活の調和を意味している。とくに職場においてその実現が求められており，個人の意識とともに働き方との関わりが強い。わが国では2007年の「子どもと家庭を応援する日本」重点戦略で取り上げられ，その実現が官民挙げて促進されてきた。その旗振り役は内閣府男女共同参画室である。その背景として，人口減少社会にあって働き方の多様性を認めることで，女性や高齢者も働きやすい職場を目指すことがある。併せて，1日の時間配分が仕事・通勤時間に偏ってしまうと，かえってストレスをためることで仕事の能率が落ち，ミスが多発しやすい状況が生まれることもある。こうした状況を改善することは，多様な労働力が自主的・主体的な働きができ生産性が高まることや，能率の向上により長時間労働から解放されることにつながる。裁量的な働き方を会社側が後押しして，働く時間と場所の柔軟性を高めることは，家事・育児との両立を可能とし，また高齢者も無理なく働くことがかなう。会社にとっても，家族にやさしいファミリーフレンドリーであることは，どのような社員・従業員にとっても働きやすいことをアピールできるのであり，優秀な人材を引き付け長く働いて熟練度を高めることができる。こうして労働生産性が高まることになれば，会社利益にもつながることになり，社員・従業員とウィン・ウィンの関係を築けることになる。会社側の具

体的取組みとしては，働き方の柔軟性確保と福利厚生の充実が挙げられる。前者には，長時間労働を抑制するために，裁量労働制やフレックスタイム制を導入すること以外にもリモートワーク・在宅勤務を促すことがある。後者には，スキルアップのための研修制度の充実のほか，リフレッシュ休暇の導入や会社独自の育児　介護休業補償の制度創設がある。いずれもより裁量的かつ主体的な働き方を実現することで，社員・従業員のモチベーションを高め創造性や発想力を引き出す仕組みである。

財政検証は5年毎に年金財政をチェックして，その財務健全性を検証する目的で2004年改正から実施されている。それまでは，財政再計算の名称で，社会・経済情勢の変化に対処して目標とする年金給付率を維持するために，将来の年金保険料の引上げ計画を策定していた。しかし2004年改正により給付・負担構造が保険料水準（保険料率）固定型に移行したことから，所得代替率（現役世代の平均手取り収入に対する年金受給額の割合）が50％を下回ることがないように給付・負担の状況を確認し，必要があれば別途の措置を講ずるために実施されるようになった。財政検証では，社会・経済情勢の変化として将来推計人口の推移，労働力率や金利・為替などの経済変数の変化などが確認され，いくつかのシナリオを描いたうえで財務健全性が確認されている。

マクロ経済スライドは，2004年改正によって保険料水準（保険料率）固定型の公的年金を安定的に維持するために導入された。それまでは給付率固定型のもとで，急速な少子高齢化の進行による若年就労世代の保険料率高騰が懸念されていた。一方，保険料水準（保険料率）固定型が導入されると，年金給付の引き下げ方が問題になってくる。公的年金を支える労働力人口（被保険者数）の減少程度と，平均余命の伸長程度に合わせて年金給付額を引き下げれば，保険料水準（保険料率）が変動することなく年金財政を安定させることができる。具体的には，100年の期限を区切ってその長期予測のもとで，就労時点の賃金スライド率と受給時点の物価スライド率から，毎年0.9％を差し引くことと

なった。ただし，年金受給額の実額が前年と比べて低下しないような措置がとられていた。具体的に賃金・物価のスライド率が0.9％を下回る場合にはこれを適用せずに年金受給額は前年のまま維持される。加えて賃金・物価のスライド率がマイナスの場合にも同様の措置がとられていた。そのために，年金受給額は本来ならば減額されるべき水準まで引き下げられていなかった。つまり減額措置が2013年10月まで適用されなかったために，特例水準と呼ばれる本来よりも高い水準（2.5％）となっていた。そこで，2015年３月までに特例水準を解消する措置がとられ４月以降は適正化されている。

労使折半原則とは，会社が雇用している労働者の社会保険を半分支払うことである。健康保険料と厚生年金保険料は会社と労働者が半分ずつ支払う労使折半だが，雇用保険に関しては会社側の負担の方が重くなっている。健康保険と年金保険は４，５，６月の給与を平均した「標準報酬月額」に保険料率を掛けたものの半額が，会社と労働者がそれぞれ負担する金額となる。健康保険の保険料率に関しては，都道府県や会社の健康保険組合への加入の有無で異なっている。雇用保険の保険料率の内訳は，一般会社の場合，会社側が0.9％，労働者が0.6％となっており，保険料は残業代や諸手当を含めた毎月の給料に保険料率を掛けて計算される。

ねんきん定期便は国・日本年金機構からの年金に関する通知書のことである。国民の年金への関心を高めるとともに，自身の年金について知ってもらうためのものである。国民年金と厚生年金の加入者（被保険者）に対して年１回，誕生月に送られてくる。この通知書によりこれまでの年金保険料の払い込み状況，厚生年金であれば標準報酬，そして払い込み総額が理解できる。ただし，公的年金は所得移転の仕組みであるために払い込み総額に利子がついて老後に戻ってくるわけではない。またその時点までの金額の記載しかなく，将来的な予測には役立たない。そこで，こうした簡単な確認のための通知書だけでなく，ねんきんネットを使って将来的な年金受給額もわかるようにしている。ねんきん

ネットはこれまでの払込保険料の状況だけでなく，将来受け取ることになる見込み額を携帯端末やPCから確認できる仕組みである。登録には基礎年金番号と簡単な個人情報が必要になる。またマイナンバーポータルからも登録可能である。将来の年金給付額を見える化することは，老後生活を立てる上で役立つだけでなく，年金保険料の支払い意欲を高めることにもなる。ねんきん定期便の内容もペーパレスで確認することができ，年金記録を自己責任で管理することにもつながる。

ジョブ・ローテーションとは，日本的雇用慣行のひとつであり，社員・従業員の職務や勤務地を定期的に変更する仕組みである。様々な職務を経験させることにより，幅広い業務をこなせる人材を育成することができる。それにより事業形態の変化にも柔軟に対応できることを目指している。これに転籍や出向を組み合わせることで，景気変動や事業変革にあっても雇用を維持することにつながる。

技能検定制度は1959年の職業能力開発促進法によって導入され，国が試験を通じて労働者の一定の技能を証明する仕組みである。130職種の資格があり，試験に合格すると技能士の資格を取得することで就職や転職時に有利になる。現在まで700万人を超える技能士が誕生している。しかしながら産業界の技術進歩に応じて資格の高度化や新たな資格も必要となってくる。大企業を中心に活用されており，中小企業では十分に普及していない。またパート・アルバイト，派遣労働者などの非正規雇用者では資格取得は過少な状況のままである。こうした現状を打破して，多様な働き方をする労働流動層にも浸透させて，その就業を支援することが望まれている。そのため，技術進展への対応とともに，労働市場の流動化に合わせた制度とする必要がある。

ジョブカード制度は2007年に打ち出された「成長力底上げ戦略（基本構想）」の「人材能力戦略」によって構想され2008年から実施されている。ハローワー

クで職探しをしている求職者を中心にこのカードに職務経歴，学習・訓練歴，免許・取得資格などを記載することで，就職のためのキャリア・コンサルティングを受けることができる。併せて，政府と都道府県が指定した公的職業訓練機関において実践的な職業訓練を受けると，受講後に自身の職業能力に関する評価シートを交付され就職や転職活動に活かすことができる。総じて，労働者の雇用力とキャリア形成に寄与することを目的にしている。とくに「就職氷河期」にあたり満足な就職が叶わなかったフリーターや非正規雇用者，そして子育てを終えた専業主婦層を対象としている。

企業年金連合会は，企業年金の通算センター（クリアリングハウス）として，企業年金を中途で脱退した加入者や，解散・制度終了した企業年金の加入者から年金原資を引き継ぐことで年金や一時金の給付を行っている。具体的には，厚生年金基金や確定給付企業年金の中途脱退者が，資格を喪失したときに受取る脱退一時金に相当する金額を連合会に移換する場合，もしくは厚生年金基金の解散基金や確定給付企業年金の制度終了時に残存している残余財産分配金を連合会へ移換した場合である。加入者が受給資格を満たした後に，一時金もしくは保証期間付きの終身年金を給付している。

中小企業退職金制度は中小企業の事業主が，国の助成を受けながら社員・従業員の退職金を計画的に準備する仕組みである。事業主は中退共本部と退職金共済契約を結び，毎月の掛金を支払うことになる。社員・従業員の退職時には，その請求に基づき中退共本部から退職金が社員・従業員の口座に払い込まれる。こうした仕組みから，老後に向けて資金準備をすることができ，中途の退職時には一時金を受けることができる。制度は別建てになるものの，非正規雇用者も加入することができる。毎月積み立てる掛金は全額事業主負担であり，事業主はその金額を損金算入することができる。現在，約40万の中小企業が加入しており，総加入者数は約350万人にものぼっている。

ポイント制退職金は働き方の変化に合わせた退職金の形態である。わが国の退職（一時）金は日本的な雇用慣行の一環であり，長期勤続する正社員を優遇する仕組みであった。社員・従業員年齢構成の高齢化は会社にとってその負担を重くすることになる。また，成果や能力に基づく報酬制度により社員のやる気を高めようとする際にも逆行する仕組みである。働き方改革の中では，非正規従業員中心の短期転職者を不当に差別的に扱うこともできない。こうした事情が相俟って，21世紀に入り給料や勤続年数とは異なる「会社に対する貢献度合い」をポイント換算して，それに単価を掛けることで退職給付の金額とすることが浸透してきた。社員・従業員にとってわかり易い仕組みであり，貢献度合いを高めるインセンティブにもなることから徐々に普及している。

カフェテリアプランは1980年代に米国で始まり，1995年頃からわが国でも取り入れられている。従来の画一的でお仕着せになりがちな福利厚生とは一線を画し，社員・従業員のライフスタイルに合わせた選択ができる仕組みである。一定の年間ポイントが付与され，その中で家賃補助・住宅ローンの利子補給，フィットネス・クラブや宿泊施設の利用権貸与，そして子育てや介護費用の補助など，正に十人十色のニーズに応えることができる。会社にとってはポイント内での支援となり総予算が管理しやすい。幅広いニーズに応える分，その管理運営費用のかさむことがあるものの，当該業務を上手く外注化できればその手間も省けることになる。

　一般的な**生命保険**は世帯主の死亡に備えるものであり，当面の生活費や養育費・教育費が確保できる（遺族保障の実現）。養老保険では遺族保障だけでなく，退職時などの一定期間まで生存していれば満期保険金を受け取ることができ老後の備えにもなる。個人年金保険は老後に一定期間の生活費を保障するものであるが，トンチン年金と呼ばれるものは一生涯保障が続く一方で死亡時に返還されるお金はない。そのために遺産を残す必要がない単身高齢者にとっては効率的な老後保障手段である。

学資保険は子どもの教育資金を準備することを目的とした貯蓄型（キャッシュ・バリュー型）の生存保険である。貯蓄型の生存保険であるために，子どもの大学入学に合わせて満期保険金を受け取ると同時に，契約者である親が死亡した場合にも保障が受けられる。その内容は保険契約者である親が事故や病気で死亡した場合に，それ以降の保険料の払込が免除になるとともに満期までの保障は継続することになる。こうした特徴から，他人のためにする生命保険の一種である。加えて，多くの学資保険では，中学校や高校入学などのライフイベントに合わせて事前に約定した金額を受け取り，それを進学費用の一部に充てることができる。ただし，通常の貯蓄型（キャッシュ・バリュー型）保険と同様に，中途解約時には解約返戻金を受け取ることはできるものの，とくに契約当初は解約返戻金が払込保険料の総額を下回るリスクがある。

　就業不能保険は，病気やケガなどの保険事故で長期間働けなくなった時に収入を保障するための保険である。病気やケガによる長期入院のほか，一定の条件を満たす精神疾患による自宅療養で長期間働くことができない場合，毎月決まった保険金を受け取ることができる。ただし，通常60日間といった支払対象外期間があるために，その間は保険金を受給できない。また会社員や公務員であれば，長期間働けなくなっても健康保険から傷病手当金が最長18か月支給されるので，直ちに収入が途絶えることはなくこの保険加入の必要性は低い。こうしたことから，自営業者やフリーランスないし派遣として働く人にとっての有用性が高い。この保険金を受給することで貯蓄を食いつぶすことが少なくなるために，間接的ではあるが老後資金準備にも役立つことになる。なお，この保険と同様に，一定の条件下で毎月決まった金額を受け取れる保険に所得補償保険がある。ただこの保険には，支払対象外期間がなく医師の診断書などにより迅速に保険金がもらえる反面，その保険期間は最長でも２年程度であり長期に及ぶ就業の中断には適さない。

　リバース・モーゲージ（Reverse Mortgages）は，現在住んでいる自宅を担保

にして，主に高齢者が老後の生活資金を得る仕組みである。通常は，金融機関に自宅を担保として差し出すことで借入金を得ることになるが，その分を毎月年金として受け取ることになる。年金受取り期間中は返済することがないので，利息分も借入残高に積み上がっていく。金融機関は契約満期になると担保である住宅を取得することで返済を完了させることになる。契約期間途中で死亡する場合には，相続人（主に配偶者）が債務を引き継ぐこともある。自宅という実物資産以外に金融資産が乏しい高齢者が，自宅に住み続けながら公的年金に加えて生活資金を得る手段として活用されている。わが国では1981年に東京都武蔵野市で「世田谷シルバー資金融資制度」として導入された後に，主に都市部の自治体が類似の事業を実施している。併せて，厚生労働省も2002年12月より都道府県の社会福祉協議会を実施主体とした「長期生活支援資金貸付制度」を創設し，現在は「不動産担保型生活資金」としてこの仕組みを活用した老後資金貸与を行っている。ただし，契約期間中に担保物件の評価価値が下落してしまい計画通りの生活資金が得られない場合がある。また契約期間を超えて長生きしてしまうと，自宅が差し押さえられるとともに生活資金の支給が停止されてしまうことになる。家屋の資産価値が低く少額の生活資金しか得られないケースもある。また実物資産は担保となるので，それを子孫に遺贈することはできなくなる。このようにリスクが大きい一方で，制度として定着させることも難しいために，普及を見ることなく限定的にのみ実施されている状況にある。

　ジュニアNISAは2016年1月から2023年末までの限定された制度であり，正式名称は「未成年者少額投資非課税制度」である。0歳から19歳までの子どもに限定してひとつの口座を開設することができ，そこに両親や祖父母が資金を預けることになる。期間は最長5年で，毎年の非課税限度額は80万円までである。18歳までは災害被害などの特別の事情を除いて，資金を引き出すことも他の口座に資金移換することもできない。対象となる金融商品も限定されており，株式投資信託，国内・海外上場株式，国内・海外ETF，ETN（上場投資証券），国内・海外REIT，新株予約権付社債（ワラント債），以上のみである。こうし

た金融商品の配当金や分配金は通常20％の率で課税されているが，それが非課税となるために有利な仕組みとなっている。18歳という年齢で期限を切ることで，大学進学や就職の準備資金として活用することになる。20歳以降は通常のNISA口座に引き継げるために，若年時から将来に備えて資金準備することの重要性を子どもに教えることができる。

ポートフォリオ理論は，家計や会社が保有している資金をどのような割合で運用するか，つまり金融資産に分配するかに関する考え方である。金融商品は，収益率に加えて，その分散の程度によって無リスク資産とリスク資産に区分される。前者は元本が保証され，また購入時に予期した収益率が得られるものであり預貯金や多くの保険商品が該当する。これに対してリスク資産に分類される債券（国債，地方債，社債など）や株式，投資信託には，会社の倒産リスクや価格変動リスクなどがあり元本が保証されることはない。この理論では，個人や法人の投資家はリスク回避的であることが前提とされるが，無リスク資産のみでは長期的にみてインフレーションを上回る収益率を確保できない。そこで投資資金の実質価値を維持するためにも，無リスク資産とリスク資産を組み合わせることが必要になってくる。ポートフォリオ理論は両資産を適切に組み合わせることによって，最小のリスクで最大の収益率を上げることを目的にしている。

診療報酬は医療従事者が医療サービスを提供することへの対価である。医療サービスの価格でもあるが，市場自体が公的に管理されたものであることから，その価格も公定価格・法定価格となり国の審議会により決定されている。具体的には，厚生労働省の諮問機関である中央社会保険医療協議会において，医師などの供給者代表，保険者代表，そして公益代表の3者間の協議により決められている。また実務的には，医療機関が診療内容を記したレセプトを保険者に提出し，それを審査機関がチェックして適正である限り診療報酬が支払われる。診療報酬の支払い方法には，大別して出来高払いと包括払いがある。

　包括払い方式は医療行為の標準化と医療費の管理を目的にした仕組みである。ひとつの疾病に対して，どのような検査や投薬，そして治療行為をしても支払われる医療費が一日ないし，ひと月単位で固定され事前に決められている。この一括りの疾病もしくは病名のことを診断群分類（DRG：Diagnosis Related Group）と呼んでいる。これに対して，検査や投薬，注射・点滴，処方箋料などの個々の治療行為を積み上げて，医療費（診療報酬）を決めるやり方が出来高払い方式である。医師の裁量的な判断に基づく十分な診療を保証するものである一方，医療費（診療報酬）が高額になる危険性がある。そこで医療費管理のためにも医療行為の標準化は必要となるが，同じ薬や治療行為でも患者の体質や病気の進行状況によってその効果は変化するのであり，医師による見立てはなお重要になる。そこでわが国では，診断群と治療行為を組み合わせたDPC（Diagnosis Procedure Combination）が用いられ，医療サービスの品質維持と医療費管理の両立が図られている。

　高額療養費制度は，大きな手術や長期入院によってひと月の自己負担金額が高額になることを防ぐための仕組みである。とくに，収入が低い個人・世帯にとって負担が重くなることから，月収（標準報酬月額）が低い被保険者・患者ほど月単位の上限金額が収入に比較して低く設定されている。また，長期入院のケースや継続的に加療を必要とする持病を有する被保険者・患者への負担軽減を重視して，１年間に３回以上その適用を受けると，さらに上限金額が下がる仕組みとなっている。加えて，同一世帯内で複数の家族が病院・診療所に掛かる場合にも過重負担になることを考慮して，全員の自己負担額を合算して限度額を超えている場合にも高額療養費の還付が受けられる。

　後期高齢者医療制度は2006年の医療制度改革によって導入され，2008年４月から実施されている。従来の老人保健制度は若年世代が高齢世代の医療費の多くを負担するものであったが，75歳以上の後期高齢者の急増によって，その負担増が懸念されていた。そこで，後期高齢者でも健康であまり病院・診療所に

かからない被保険者と病気がちな高齢者の助け合いの仕組みとして導入された
ものである。若年世代が多い健康保険組合と市町村国保から社会保険診療報酬
支払基金を通じて４割程度の支援金を支払う。併せて，75歳以上の被保険者に
よる１割程度の自己負担部分を除いた残りの５割を国と市町村による公費で賄
う仕組みである。職域保険の保険者が負担する４割部分について，保険者毎の
被保険者数によって負担が決まっていた。しかし，これでは中小企業などの財
政負担力が弱い保険者に過重負担になる。そこで，2010年以降は保険者毎に被
保険者の標準報酬を合計し，その合計金額（総報酬）に基づく負担方式に移行
している。

インフォームド・コンセント（Informed Consent）は，医師・医療従事者が治
療や手術に際して，病気の内容や診療方法について患者に十分に説明し，その
納得と同意のうえに治療行為を進めることを指す。病気やケガの治療では，専
門性を有する医師と患者に知識や情報の格差が大きい。こうした知識や情報の
格差があっても，なお患者の自己決定権とその権利を擁護することが望ましい。
そこで，治療に伴う副作用や代替的な方法についても理解と合意が必要になる
のである。わが国では，1997年の第３次医療法の改正によって初めて明文化さ
れている。

セカンドオピニオン（Second Opinion）とは，現在治療を受けている医師とは
異なる医師に，治療法などの説明を求めるものである。複数の医師の意見を参
考にできることは，患者の自己決定権や権利保護に役立つ。また医師の自己規
律を促すとともに，最適な治療手段を選択することにもつながる。現在の医師
から同意を取って，検査結果や病状に関する情報を他の医師に伝えてもらい，
紹介状をもらって受診のうえ意見を聞くことになる。ただし，診療行為ではな
く相談行為になるために，多くの場合，その費用は患者の自己負担になる。近
年ではがん治療や先進医療の領域での活用が進んでいる。なお，あくまでも客
観的な意見を受ける機会であり，現在の医師に対する苦情や転医を希望する行

為とは異なる。

混合診療は，医療保険が適用される治療行為や投薬と，それが適用されない
診療を合わせて治療を受けることである。わが国では，治療行為の有効性と安
全性が確認された場合のみ，それを医療保険の適用とし3割程度の自己負担で
受診することができる。こうした有効性と安全性が確認されていないものの一
定の基準を満たす先進医療を受けると，自由診療として全額自己負担となる。
ただし先進医療であっても，国が認める範囲内で国が指定する医療機関で治療
を受ける場合には，それを評価療養として扱い保険適用部分とそれ以外に分け，
後者についてのみ全額自己負担とすることで先進医療を受けやすくした（保険
外併用療養費制度）。こうした仕組みは，患者の身体の安全を第一としながらも，
先進医療を徐々に浸透させイノベーションを促す目的を有している。なお先進
医療とは厚生労働大臣が認める医療技術であり，医療技術ごとに対象となる疾
患および実施する医療機関が限定されている。

かかりつけ医は，居住地域に近く気軽に相談ができ，継続的に病気やケガを
診察する診療所の専門医を指す。とくに，慢性疾患や生活習慣病を抱える高齢
者にとっては，診療だけでなく「主治医」として要介護認定の意見書を作成す
るなど，在宅で要介護状態になったときにも頼りになる存在とされている。よ
り高度な診療や手術が必要な場合には，高度な治療を受けられる一般病院や大
学病院などの特定機能病院を紹介することになっている。なお，英国やオラン
ダ，デンマークなどでは家庭医ないしGP（General Practitioner）と呼ばれ，歯
科以外の様々な診療科の基礎知識を持つ医師を指す。住民は地域の診療機関に
登録する仕組みで，わが国のフリーアクセスとは異なり最初は家庭医にかかる
必要がある。このように医療機関を階層化することによって，高度な専門病院
による高額な検査や機器の利用を抑えることが医療費の削減に寄与する。その
ため，家庭医のことを医療費の適正管理の役目を担っているゲートキーパーと
称することがある。

社会的入院は入院加療の必要でない者が，家族介護ができないなどの理由により長期に入院する状況を指している。本来必要でない者に医療資源が使われてしまい，一方で入院加療が必要な者が入院できないことになる。また要介護が必要な者にとって，施設入所よりも費用が割安であり，その分は公的負担がかさむことにもなる。医療と介護を切り離すために，介護保険が創設されたひとつの理由にもなっているが，高齢単身者世帯の増加に応じてあらためて社会的問題として顕在化している。

	かかりつけ医	一般病院	高度医療機関
"定義"	・ 主にクリニック・診療所 ・ 患者によっては病院がかかりつけ医となる時も	・ 20床以上の医療機関 ・ クリニックでも，高度医療機関でもない，一般的にイメージされやすい"病院"	・ 特定機能病院（大学病院），がん診療連携拠点病院，高度救命救急センターなどの特定の領域にフォーカスした病院
果たすべき役割 （対象とする患者）	・ 保健指導と疾病予防 ・ 糖尿病，高血圧など軽症の慢性疾患の定期的なフォロー ・ 風邪など軽症の急性疾患の治療	・ 比較的重症の患者に対し，確立された標準的な治療を提供 ・ がん患者やハイリスク妊娠など病状が不安定な患者のフォロー ・ 脳梗塞や心筋梗塞などの急性期重症疾患	・ 標準的な治療に加え，まだ確立されていない先進的な治療の提供 ・ 臨床研究の実施 ・ 高度医療や専門的な医療などを習得するための教育機関
医師	・ 基本的には1人の医師が内科・外科ともに幅広く診察 ・ "いつもの先生"	・ 診療科が複数あり，疾患により異なる医師が診察 ・ 同一診療科内にも医師が複数いるため，受診タイミングによっては，医師が変わる可能性	・ 診療科が複数あり，疾患により異なる医師が診察 ・ 同一診療科内でもさらに詳細な専門に医師が分かれている
設備	・ 超音波エコーやレントゲン機器 ・ 簡便な専門機器（内視鏡，眼底撮影機器など）	・ MRIやCTなど大型の医療機器 ・ 手術室や血管造影室なども	・ PETや放射線治療機器など対象患者がそれほど多くない大型機器も設置 ・ 集中治療室（ICU）や無菌室などの高度医療に必要な設備
検査・治療	・ 主に血液検査や尿検査，検査キットを用いた感染症検査など ・ 薬の処方や，消毒・縫合などの簡単な処置	・ 標準治療に必要な検査はほとんど可能 ・ 免疫抗体やがんマーカーなどを含む血液検査，手術に必要な画像検査	・ 生体肝移植など，非常に専門的かつ高度な治療 ・ 希少疾患や難治性の疾患などの治療
その他のポイント	・ 紹介状や初診料（選定療養費）は必要ない ・ 待ち時間は短い	・ 紹介状がないと，初診料（選定療養費）が必要な場合も ・ 待ち時間は少し長い	・ 受診には紹介状が必要 ・ 待ち時間はかなり長い

（https://kaigo.homes.co.jp/manual/healthcare/Primarydoctor/）

　保険者機能について，わが国の現状ではつぎのような役割を果たしている。まず，医療保険のトライアングルの中で，医療保険料の収受やレセプトの審査・分析，そして医療機関への支払業務などの日常業務を担当している。加えて，医療供給体制を整備する役割を通じて，医療費の適正化を図ることもある。つまり保険料（率）を適正に定め，徴収率を不断に改善し，また制度運営を効率化することで保険給付を管理することである。ただし，現状では，医療レセプトの実質的な審査は，社会保険診療報酬支払基金などで行われており，保険者による審査は形式的なものにすぎない。併せて，適切な受診行動や後発医薬品の使用に関する啓発活動を行う。最後に，地域における疾病管理者として特定健康診査の具体的な方法や目標を定めて，レセプト・データや検査・指導のデータをもとにして，生活習慣病対策をはじめとした予防医療を行っている。こうした検査の結果，リスクが高いことが判明した加入者・被保険者には特定保健指導を実施する。国や行政側は，保険者による実施状況を評価して補助金に反映するなどして活動の支援と監視を行っている。

　特定健康診査は，従来まで職場や地域で実施されてきた生活習慣病やがんの早期発見に加えて，2008年4月からメタボリック症候群（内臓脂肪症候群）を主なターゲットに，該当者の抽出を目的に実施されている。メタボリック症候群とは内臓脂肪の蓄積により，糖尿病や高血圧による動脈硬化の危険が高まっている状態である。こうした症状が出やすい40歳から74歳までの公的医療保険加入者とその被扶養者を対象としている。特定保健指導は特定健康診査の結果，メタボリック症候群の該当者およびその予備群であることが判明した個人に対して，医師，保健師そして管理栄養士による面接を通じて状況の把握を行い，併せて数か月にわたって健康観察を行うことで生活習慣の見直しを促すものである。具体的には，食事内容の記録，体重・腹囲測定の習慣づけ，ウォーキング等の運動の実施についてモニタリングを行い生活習慣や体質の改善を支援する。

地域包括ケア構想は，団塊の世代が75歳の後期高齢期に突入する2025年を目途に，生活習慣病や要介護状態であっても，住み慣れた地域で周囲の支援を受けながら安心して暮らせることを目指している。また認知症は地域の病といわれるように，地域社会全体での見守りを必要としていることから，こうした構想の実現が急務になっている。さらに，地域における課題や福祉資源にも相違があるために，画一的な仕組みではなく各市区町村が独自の仕組みを構築することが望ましい。そのために，中学校区を中心に30分圏内で一体的にサービスを提供できる体制づくりを目的にしている。具体的な推進方法とその運営については，2005年の介護保険法改正によって中核機関として地域包括支援センターが設置された。地域包括支援センターは，在宅介護支援センターの運営主体や社会福祉法人，NPO法人などが市区町村から委託される形で運営しており，保健師や社会福祉士そして主任ケア・マネージャーなどが配置されている。こうした複数職種の専門家が連携することで，医療や介護サービスを提供するとともに，介護予防やリハビリ，高齢者とその家族の相談業務などを包括的にこなしている。ただ高齢者のニーズは多様であることから，現在までに人材育成面や資金面を含めて多くの課題が指摘されている。それでも，きめ細かなサービスがシームレスに24時間対応で受けることができるなど，高齢者が安心して生活できる基盤が整いつつある。こうした体制構築が，心身共に健康な高齢者の増加につながるのであれば，社会活動やボランティア活動への参加も活発になり，福祉の仕組みを中心としたエリアマネジメントに結実することになる。

　地域ケア会議は多く地域包括支援センターが主催するものであり，自治体職員，民生委員，ケアマネージャー，介護サービス提供事業者，医療機関や社会福祉協議会の関係者，町内会やボランティア団体の代表者などが協働して，地域包括ケアシステムを運営するものである。その主な役目として，1）地域独自の福祉政策上の課題の発見，2）地域包括ケア構想を実現するための関係者間のネットワーク構築，3）アウトリーチ活動を中心として，地域の福祉資源を発見しそれを開発すること，以上が求められている。こうしたことから人生

100年時代における地域福祉計画の主体としての役割が期待されている。

措置制度は主に地方自治体が行政サービスを必要としている者を特定し，その判断のもとで給付内容や給付水準を決定する仕組みである。その意味で，措置権者である市区町村が独断で福祉サービスを提供する仕組みであった。福祉サービス提供の費用は国と地方自治体が税金により折半で負担する。各種福祉施設を利用する場合には，収入に応じた利用者負担料が掛かる。高齢者福祉では，特別養護老人ホームの入所や訪問介護，ホームヘルプサービスなどのサービス利用は措置制度によって行われていた。しかしながら高齢化によって後期高齢者が増加すると，利用が一部の高齢者に限定されることなく，国と地方自治体の財源だけでは十分なサービスが提供できなくなってきた。またどうしても画一的なサービス提供になりがちで，家族形態や健康状態の相違に応じたきめ細かな対応も不足していた。こうした状況の変化を受けて，2000年から介護保険がスタートし「措置から契約へ」の掛け声のもと，自ら介護保険料を納める利用者とその家族がニーズに合わせて福祉サービスを選択できるようになった。併せて，介護サービスの提供や福祉施設開設にも競争原理が導入され，ニーズに即した利用料で負担能力に応じた利用が可能となり，サービス内容も格段に多様化することになった。

レスパイトケア（Respite Care）は，障害を持った家族や要介護者を在宅でケアしている介護者に対して，一時的な休息の時間や空間をもたらすことを意味している。日常的な介護によりストレスをため疲れ切った状態にある介護者や，先が見えずに不安感を抱いている家族を支援することが目的になる。介護者である家族が冠婚葬祭やイベントに参加する際にサービスを受けることができる。それには，デイサービス，ショートステイ，レスパイト入院，配食サービス，通所リハビリテーション，地域密着型通所介護などが含まれる。これらを利用して，半日もしくは数日でも介護から離れることは様々な効用を生む。なにより密室の中で介護者が極度のストレスをためると要介護者との関係が悪化して

しまい，ときに虐待やネグレクトなどの事態が起こる。レスパイトケアによってリフレッシュすることは，情緒面の安定を通じて要介護者との関係だけでなく，周囲の家族との関係を良好に保つことに役立つ。またこうした気分転換の機会は閉塞感から抜け出すことを可能にし，前向きに生活することにもつながる。併せて，介護から離れたひとときの自由時間を謳歌し，友人・近隣，そして介護者同士で交流をもつことが新たな楽しみを見つけるなど生活に張りをもたらすことになる。ただし，現在までレスパイトケアのためのサービスや施設が十分確保されている状況にはない。国や地方自治体は，こうしたケアの必要性を見極めてサービス展開することが大切である。併せて，他の家族や近隣が支援できるような環境を整えることも必要になっている。

　介護認定審査会は，市区町村の附属機関であり，申請があった要介護者の介護度を審査することが主な役割になる。委員は市町村長が任命する非常勤の特別職の地方公務員であり，基本的に任期は2年になる。ただし，再任も可能となっている。構成メンバーは，医師などの医療専門家，看護師などの保健の専門家，そして介護福祉士やケアマネージャーなどの福祉の専門家，合計5名によって構成される。介護認定では，まず市区町村の職員が介護保険認定の申請者を訪問調査し，それに基づき作成される結果をコンピューターによって1次判定する。つぎに，「コンピューターによる1次判定結果」，「調査員の認定調査票（特記事項）」，そして「主治医による意見書」という3種類の資料に基づいて2次判定が行われる。この2次判定を担当するのが介護認定審査会である。この結果，申請者の介護が必要であると認められた場合に，その要介護度を1から5，要支援度を1と2に区分して，必要な給付内容とその程度を決定することになる。

　ケースワーカーは，市区町村に所属し，生活保護の実態調査や要介護状態の確認など，地方自治体のアウトリーチ活動に従事する担当者のことである。各市区町村の福祉事務所に所属して，生活困窮者の生活相談にのることでその自

立を手助けする役目も担っている。

　ケアプランは，介護保険制度によって導入された仕組みであり，ケアマネージャー（介護支援専門員）が要介護者のために介護度に応じた月額上限金額内で，居宅リービスと地域密着型サービスを組み合わせて，効果的な介護を行うための計画書である。その際には，要介護者本人の希望に加えて，家族や住居の状況を総合的に勘案している。また限度額を超えて受ける上乗せサービスや，市区町村独自の横出しサービスも上手く活用することが望ましい。ただしこれらは要介護者・利用者の自己負担になるので，収入状況に応じたサービス選択が大事になる。こうしたプランのうえに，介護サービス提供者と連絡，調整そして連携を取り合ってプランが実行される。こうした計画からその実行，そして計画の変更までの全体像をケアマネジメントと呼んでいる。なお，地域密着型サービスの種類には，夜間対応型訪問介護や定期循環・随時対応型訪問介護看護などがあるが，その中には認知症の高齢者に特化したグループホーム（認知症対応型老人共同生活援助施設）と呼ばれる施設がある。そこには認知症介護の知識と技術を持った専門スタッフが常駐しており，少人数のユニットに分かれた要介護者は住み慣れた地域で安心して生活できることになる。

　社会福祉法人は，社会福祉法において「社会福祉事業を行うことを目的として，法律の定めるところにより設立された法人」と定義されている。所在地である都道府県か，複数所在地の場合は厚生労働省の認可を受けて社会福祉事業を中心に法人運営を行うが，それ以外にも公益事業や収益事業も行うことができる。以前の措置制度の時代から地方自治体からの委託を受けて，また法人税の優遇のもとで老人福祉施設，老人保健施設，障害者施設そして児童福祉施設などの社会福祉施設を運営していた。現在では，こうした委託制度は契約制度に変更しており，経営基盤の強化や事業経営の透明性が求められるようになっている。

社会的企業は，地域社会の課題や広く社会問題を解決するための営利もしくは非営利・協同組合組織を指す。福祉サービス提供の主体である，政府・自治体，民間営利企業，非営利組織，そして近隣や家族などのインフォーマルな仕組みにつぐ中間的な色彩を有する事業体である。欧米では1990年以降，新たな社会福祉サービスの担い手として登場している。わが国の事例では地域社会における住民参加型組織のケースが多い。活動による利益の多くは再投資されるなど次年度以降の活動資金に回されるのであり，利益の追求は主たる目的ではない。ただし，あくまでも企業組織であることから事業運営に効率性は要求され，それによって自らの活動資金を潤沢にすることが重要になる。逆にいえば，行政組織とは異なり一部に市場効率的な概念を取り入れた組織であるために，より効果的，効率的に福祉サービスを提供できる利点もある。一方で，行政からの補助金を受けて活動する組織もある。こうしたことから政府・自治体と民間営利企業をつなぐ組織と考えられることもあり，事業運営の柔軟性や機動性が特徴になっている。わが国の地域包括ケアシステムの中で一定の役割を担うことも期待されている。

　ユニバーサルデザイン（Universal Design）は，障がい者や高齢者も含めて，全ての国民が安全に安心して日常生活を営むことができるように，公共施設や公共交通，そして通信制度などのハードとソフトの両面にわたって環境整備することを意味している。それ以外にも日常生活品や居住環境においても誰にとっても使い勝手が良いように工夫することでもある。その発想は，20世紀中頃にノースカロライナ州立大学のユニバーサル・デザインセンター所長ロン・メイス氏から生まれている。街づくりにおいても公共施設のスロープや超低床バスが普及すれば，障がい者や高齢者も安心して移動することができ，また地域活動を活発化することができる。施設入所から抜け出して，障がい者や高齢者が住み慣れた地域で長く安心して暮らすことができるので，ノーマライゼーション（Normalization）の考え方にも通じる。

　社会的排除は，主に貧困状態が原因で社会的な紐帯から外れ，そのために社会活動への参加が閉ざされ，また十分な情報が得られないことから社会的なサービスを思うように受けられないことを指している。昨今のわが国では，非正規雇用者や単身世帯，一人親世帯の増加がこうした傾向に拍車を掛けている。非正規雇用者の多くは低い給料に甘んじているだけでなく，職域年金の加入機会も失っている。中小企業の中には，社会保険の加入手続きを故意に怠る場合もあり，結果的に社員・従業員が無保険になっている場合もある。企業福祉，職場保障の傘から排除されてしまう。このようにして，社会保険の適用を受けられないことは，高額な自己負担や老後の無年金・低年金によって更なる貧困状態に陥ることになる。また，単身世帯や一人親世帯には，様々な公的な支援を受けるための情報が行き届かずに申請する機会が失われたり，手続き途中でサポートがないと申請を断念するケースもある。高齢単身世帯では，とくに高齢男性の場合には近隣や知人との付き合いの程度が少なく，社会的に孤立しやすい状況にある。そのことが地域社会での紐帯を喪失させ，フレイルからさらに健康状態が悪化する契機となる。そこで，貧困の原因以外にも，家族形態や雇用形態の変化に応じて，社会的な紐帯から外れる社会的弱者を支援するために，行政による手助けと近隣による相互扶助によって社会的包摂（Social Inclusion）を目指すことが大事になっている。

　ソーシャル・キャピタル（Social Capital）とは，社会関係（性）資本と訳される言葉で，物的資本，金融資本，人的資本，そして生産と生活のインフラである社会共通資本につぐ5番目の資本といわれる。具体的には，集団・組織における信頼性，互酬性，帰属意識，個人的ネットワークなどの多様な概念を包摂している。米国政治学者のロバート・パットナム氏の定義が有名であり，「信頼・規範・ネットワークが重要な社会的仕組みの中では，人々が活発に協調行動をすることによって社会の効率性を高めることができる」としている。ソーシャル・キャピタルによって公共経済学で例示される「共有地の悲劇」が解消され，また経済活動における取引費用の軽減にもつながり市場取引の効率性を

高めることができる。ソーシャル・キャピタルにもいくつかの種別があり，その中で地域社会における所与のソーシャル・キャピタル（マクロ的意味合い）と個人的に保有しているネットワークを意味するソーシャル・キャピタル（ミクロ的意味合い）の区分が重要である。個人レベルでは良好な人間関係が健康や幸福感に関係することや，出世や名誉につながることが指摘されている。一方，社会レベルでは，地域における紐帯が犯罪や事故を防ぎ，また自然災害時の避難や早期の復旧・復興にも役立つとされている。

　地域通貨・エコマネーは1930年代の世界恐慌の頃から導入され，現在は世界で約2,500の地域通貨がある。わが国でも福祉の分野やコミュニティー再生などの目的のため全国で70程度の地域通貨がある。市民団体やNPO法人により発行されることが多く，限定された場所や地域で流通する通貨である。法定通貨とは交換できず，また利息が付かないことから貯蓄性がないことも特徴である。地域社会における相互扶助，助け合いの促進を目的とした地域通貨として，滋賀県のおうみ，北海道のクリン，東京の早稲田・高田馬場のアトムなどが有名である。他国でもLETS（英国），イサカアワー（米国）やタイムダラー（米国）などがあり，なかには法定通貨と交換性を有する地域通貨もある。

　なお用語解説ではないが，**会社と企業の用語理解**も大切である。企業は事業活動を営む主体のことであり，広く会社も含んでいる。企業には個人と法人の区別があり，法人にも私法人と公社・公団・公庫などの公法人がある。前者の私法人には会社中心の営利法人と非営利法人がある。会社には合名・合資・有限会社，そして株式会社の種別がある。社会福祉分野によく登場する非営利法人にはNPO法人，医療法人のほか，学校法人や宗教法人がある。

参 考 文 献

石田成則・山本克也編著（2018）『社会保障論』ミネルヴァ書房

石田成則（2020）「企業福祉から見た働き方改革」『週刊社会保障』第3063号

香取照幸（2017）『教養としての社会保障』東洋経済新報社

生活経済学会編（2017）『地域社会の創生と生活経済』ミネルヴァ書房

土田武史編著（2015）『社会保障論』成文堂

中田範夫・城下賢吾編著（2018）『東アジアの医療福祉制度：持続可能性を探る』（山口大学大学院東アジア研究科東アジア研究叢書）中央経済社

西垣千春（2011）『老後の生活破綻：身近に潜むリスクと解決策』中公新書

野尻哲史（2020）『「老後の資産形成をゼッタイ始める！」と思える本』扶桑社

原佳奈子編著（全国社会保険労務士会連合会監修）（2019）『年金と老後のお金の話』中央経済社

藤本健太郎（2018）『人口減少を乗り越える：縦割りを脱し，市民と共に地域で挑む』法律文化社

吉野隆之（2019）「75歳以上の高齢者をめぐる状況について」『年金と経済』第38巻第1号

デレック・ボック（土屋直樹・茶野努・宮川修子訳）（2017）『幸福の研究』東洋経済新報社

『年金と経済：特集　人生100年時代における資産と「終活」』第38巻第3号，2019

『年金と経済：特集　後期高齢期のライフプランを考える』第38巻第1号，2019

長寿社会ネット：公益財団法人長寿科学振興財団
https://www.tyojyu.or.jp/net/kenkou-tyoju/tyojyu-shakai/koreisha-keizai.html

内閣府『高齢者の健康に関する調査結果（平成29年度全体版）』

（文中も含めWebサイトの最終閲覧日はいずれも2021年1月11日）

索　引

132

執筆者紹介

石田　成則（いしだ　しげのり）

1963年生まれ。1991年慶應義塾大学大学院商学研究科博士課程修了。
関西大学政策創造学部教授。博士（商学）。専門は保険・社会保険，企業福祉。
単著に『老後所得保障の経済分析』（2007年，東洋経済新報社），共著に『東アジアの医療福祉制度』（2018年，中央経済社），『人生100年時代の年金制度』（日本年金学会編，2021年，法律文化社）がある。

著者との契約により検印省略

令和3年4月20日　初版第1刷発行

人生100年時代の
生活保障論

著　　者	石	田	成	則
発 行 者	大	坪	克	行
製 版 所	税経印刷株式会社			
印 刷 所	有限会社山吹印刷所			
製 本 所	株式会社三森製本所			

発 行 所　〒161-0033 東京都新宿区
下落合2丁目5番13号

株式
会社　税務経理協会

振　替　00190-2-187408
ＦＡＸ　(03)3565-3391
URL　http://www.zeikei.co.jp/
乱丁・落丁の場合は，お取替えいたします。

電話　(03)3953-3301（編集部）
　　　(03)3953-3325（営業部）

© 石田　成則 2021　　　　　　　　　　　　　Printed in Japan

ISBN978-4-419-06788-5　C3033